Bibliografische Information der Deutschen Bibliothek

Bernhard Marxen

Meine Heimat sei gelobt: Geschehen am Waldsee

mit Gedichten und Anmerkungen

AF670906

ISBN 978-3-9817739-3-4

Erste erweiterte neue Ausgabe 2017

Ethos-Verlag
Postfach 1103
D-21231 Buchholz i. d. N.

Internet: **www.ethos-verlag.de**

Übersetzung nach Vorschrift (z. B. englisch: Muttersprache des Übersetzers englisch - nicht deutsch)

Herstellung: Books on Demand GmbH
D-22848 Norderstedt

INHALTSVERZEICHNIS

Brief an ... (siehe „Verteiler", unten)

Doris Wilhelma Schmolke (Rechtsnachfolgerin von Bernhard Marxen)
21244 Buchholz in der Nordheide

1. Rat der Stadt Buchholz - Verwaltungsausschuss
Rathausplatz 1, 21244 Buchholz in der Nordheide

Sehr geehrte Damen und Herren,

nach längerem Warten richte ich mich heute an Sie wegen einer Bitte von Bernhard Marxen, der mich beauftragt hat, seine Bitte weiterzuleiten, wodurch sowohl der Stadt Buchholz als auch der angrenzenden Heideregion Gewinne erwachsen könnten, auch in Sachen „Touristik". Doch dazu später.

Marxen war bescheiden, scheute die Öffentlichkeit und wollte lieber anonym bleiben. Erst als Rechtsnachfolgerin sollte ich etwas über ihn berichten: über ein rätselhaftes Geschehen an einem Waldsee, der zum Gebiet der Stadt Buchholz in der Nordheide gehört.

Das Geschehen, das im Mai 1981 stattfand, berührte Marxen weniger körperlich als geistig-seelisch. Seinem Leben gab es eine ungewöhnliche Richtung - zuerst 20 Jahre unbewusst (bis 2001: Attentat auf das World Trade Center), danach bewusst.

Marxen bezweifelte das Geschehen, bemühte sich aber um Entschlüsselung. Um neben seiner Erwerbsarbeit das leisten zu können, ging er - gemäß seiner Kenntnisse als Physiker und Technologe - systematisch vor. Nach 20 Jahren intensiver Arbeit erkannte er, dass er etwas vernachlässigt hatte, nämlich das Studium der Bibel, des Koran und ähnlicher Bücher. Besonders im Alten Testament stieß er auf Berichte, die ihn an das Geschehen am Waldsee erinnerten.

Die Ergebnisse seiner Arbeit wollte Marxen zu einem „Modellsystem der realen Welt" ausbauen, das im Entwurf schon vorlag. Ab 2001 ordnete er seine *theologischen(!)* Kenntnisse diesem Entwurf bei, ohne sie dort einzubauen (Theologie: Lehre von den *religiösen* Glaubensinhalten).

Marxen bezweifelte das Geschehen am Waldsee immer noch, wollte es *säkular* gedeutet wissen. Seine theologischen Bücher, die er dem Modellsystem beigeordnet hatte, wurden trotzdem veröffentlicht. Sein 7. Buch (Anlage II) wollte er mehr als „Modellsystem der *Theologie*" verstanden wissen, das bundesweit verbreitet worden ist.

In der Anlage I, die zur Anlage II gehört, steht geschrieben, dass die Heideregion durch *theologische Kurse* angereichert würde, was der Stadt Buchholz Gewinn bringen könnte (Touristik). Dass solche Kurse sinnvoll sind, ist für nachdenkliche Personen selbstverständlich - angesichts weltweiter Probleme (Hunger, Migration, Islamismus etc.).

Ich möchte Ihnen nicht verschweigen, was Marxen erlebte, damals 1981 am versteckten Waldsee. In seinem 5. Buch ist das Geschehen beschrieben worden, das an solche Berichte erinnert, die in der Bibel stehen. An *Religion(!)* aber wollte Marxen nicht denken, sagte „*Nein ...!*" und begann einen mühsamen Weg. Gewissheit spürte er erst um 2013, glaubte an Berufung seit dem. Nun der Bericht über das Geschehen am Waldsee.

In Richtung Inzmühlen, hinter Holm, befindet sich auf der linken Seite ein Teich- oder Seegebiet. Am Ende des größten Sees führt ein Bachbett zu einem kleineren See. Marxen wollte wissen, wohin der Bach ihn führte und zwängte sich durch Büsche und Tannen. Schließlich stand er vor dem kleineren, dem letzten See und sah einen umgestürzten Baum, sprich: eine mächtige aus dem Boden gehebelte Baumwurzel an langem Stamm, der zum Teil in den kleineren See ragte. Der mächtige Stamm berührte die Wasserfläche aber nicht. Kahle Äste entlang seiner Unterseite, die im Wasser staken, stützten ihn von unten ab. Die seitlichen und oberen Äste sahen aus wie riesige Stacheln auf einem zylindrigen Leib, dessen kegliger Kopf, die mächtige Baumwurzel, dem Wasser abgewandt war. Das ganze Gebilde wirkte wie eine Urechse auf stelzigen Beinen.

Bis hier geschah nichts Ungewöhnliches. Man möge an Wolkengebilde und dergleichen denken.

Als Marxen den Vorplatz des Sees betreten und die „Urechse" erblickt hatte, fuhr ein Gedanke durch seinen Kopf, der zum einen völlig fremd ihm war, zum andern mit Urechsen nichts zu tun hatte. Mit einem Gefühl von absoluter Sicherheit, das abzuwehren ihm misslang, war dieser Gedanke plötzlich in seinem Kopf: *erkenne, schreibe, lehre - und du wirst berühmt werden.* Bevor der Gedanke in Worte gekleidet war, wehrte er sich: „*Nein ...!*" presste er hervor und starrte auf die „Urechse" im Wasser. „*Nein, berühmt will ich nicht werden!*" Aber der fremde Gedanke, in Worte gekleidet, blieb stehen, ließ sich durch Gefühle und eigene Gedanken nicht aufweichen. Weder seine Gegenwehr noch der Anblick der „Urechse" konnten ihn vertreiben.

Nachdem Marxen den umgestürzten Baum besichtigt hatte, durchdachte er alles und stellte fest:
- beim Anblick des Baumes war der Gedanke ihm gekommen
- Urechsen waren ihm fremd
- abgelehnt hatte er nur die Belohnung, nicht den sonderbaren Auftrag.

Schließlich verließ er den Ort des Geschehens, fuhr nach Hause und fertigte eine Notiz dort an. Das Geschehen fasste er als Täuschung auf, verdrängte und vergaß es bald, doch unbewusst folgte er der Anweisung - bis zum Attentat auf das Word Trade Center (2001). Seitdem bemühte er sich darum, das Geschehen zu entschlüsseln. Erst während der Arbeiten am 7. Buch (Anlage II) kam er zur festen Überzeugung, dass die „Urechse" auf den Leviathan der Bibel zu beziehen sei. Trotzdem aber wollte er das Geschehen weiter *säkular* deuten!

Lange war Marxen mit der Philosophie Immanuel Kants beschäftigt, mit einem Werk, das dunkel und verschlossen ihm blieb, trotz seiner Bemühungen um Verständnis. 34 Jahre nach dem Geschehen (2015) entschloss er sich, dieses Werk, das sogar Fachkollegen überfordert hatte, systematisch zu studieren und Inhalte in eine klare Sprache zu bringen, mit der Hoffnung, das Geschehen am Waldsee doch noch *säkular* klären zu können. Marxen war auf einen Text gestoßen, der ihn dazu anregte.

Auf Grund der kantschen Philosophie hat Marxen das Geschehen am Waldsee *säkular* klären können - bis auf einen Rest, den er als Berufung aufgefasst hat. Als Titel wählte er: „Meine Heimat sei gelobt: Geschehen am Waldsee". Als Beleg für Redlichkeit liegt diese Arbeit meinem Brief bei (Anlage III). Den Begriff der Heimat wollte Marxen mehr im übertragenen Sinn verstanden wissen (Heimat: erste Welt).

Schon 2013 fasste er den Entschluss, seine Heimatregion zu belobigen, seine Arbeit der Stadt Buchholz zu widmen (Region des Geschehens).

Marxen hatte frühzeitig erkannt, dass nicht nur Personen, sondern auch Völker (Gesellschaften) der HEILUNG bedürfen, dass auch *rechtliche(!)* Inhalte zu dem gehören, was große Kirchen verkünden sollten, jedoch nicht verkünden wollen! (Anlagen I und II)

Marxens Bitte umschließt Folgendes: Zwischen Religion und Theologie muss unterschieden werden (Theologie: Lehre von den *religiösen* Glaubensinhalten). Dem Islam sollte, gemäß säkularer Ethik, ein „Gegensatz" zugeordnet werden, d. h. die Stadt Buchholz möge *theologische* Kurse unterstützen - als ein touristisches Angebot in der Lüneburger Heide.

Begründung: Die Bücher der Bibel gelten als Kulturerbe der Menschheit, als HEILS-Botschaft an Personen und *Völker(!),* werden jedoch rechtsfrei, d. h. nur *individualistisch* ausgelegt - mit entsprechenden Folgen sowohl hier als auch dort (Islamismus, Migration etc.). Mit theologischen Kursen bliebe die *Religion* bei den Kirchen, die *Theologie(!)* nicht unbegrenzt.

In der Hoffnung, dass der Stadtrat die Bitte Marxens überdenkt, sie diskutiert und ihr schließlich entspricht, verbleibt

mit freundlichem Gruß Doris Wilhelma Schmolke
(Rechtsnachfolgerin von Bernhard Marxen)

Anlage I Schreiben an Lehrerinnen und Lehrer
(mögliche Geschäftsidee)
Anlage II Buch: Entschlüsselte Religion:
Epoche des "dritten Tags" (separat)
Anlage III Buch: Meine Heimat sei gelobt:
Geschehen am Waldsee

Verteiler:

1. **Rat der Stadt Buchholz** - Verwaltungsausschuss, Rathausplatz 1, 21244 Buchholz i.d.N.
2. Der Bürgermeister, Rathausplatz 1, 21244 Buchholz i.d.N.
3. Fraktionsvorsitzender der CDU, Rathausplatz 1, 21244 Buchholz i.d.N.
4. Fraktionsvorsitzender der SPD, Rathausplatz 1, 21244 Buchholz i.d.N.
5. Fraktionsvorsitzender der Grünen, Rathausplatz 1, 21244 Buchholz i.d.N.
6. Stadtarchiv, Kirchenstr. 6, 21244 Buchholz i.d.N.
7. Geschichts- u. Museumsverein e. V., Schierhorner Str. 1, 21244 Buchholz (Holm)
8. Verein Naturschutzpark e.V. - Geschäftsführung, Niederhaverbeck 7, 29646 Bispingen
9. Bürger- u. Verkehrsverein Holm-Sep., Bahnhofsweg 4 A, 21244 Buchholz (Holm-Sep.)
10. Ferienregion Nordheide e. V., Kirchenstr. 6, 21244 Buchholz i.d.N.
11. Verkehrverein Behringen e. V., Mühlenstr. 2, 29646 Behringen
12. Verkehrsverein Bomlitz e. V., Walsroder Str. 23, 29699 Bomlitz
13. Dorfmark Touristik e. V., Marktstr. 1, 29683 Dorfmark
14. Heide Touristik Neuenkirchen, Kirchstr. 9, 29643 Neuenkirchen
15. Verkehrsverein Bad Fallingbostel e. V., Soltauer Str. 6, 29683 Bad Fallingbostel
16. Wochenblatt-Verlag - Chefredakteur, Bendestorfer Str. 3, 21244 Buchholz i.d.N.
17. Hamburger Abendblatt - Kultur, Redaktionsl., Großer Burstah 18-22, 20457 Hamburg
18. Die Welt - Kultur, Redaktionsl., Axel-Springer-Str. 65, 10969 Berlin
19. Hannoversche Allgemeine - Kultur, August-Madsack-Str. 1, 30559 Hannover
20. Hildesheimer Allgemeine - Kultur, Rathausstr. 18-20, 31105 Hildesheim
21. Weser Kurier - Kultur, Martinistr. 43, 28195 Bremen
22. Süddeutsche Zeitung - Kultur, Hulfschiner Str. 8, 81677 München
23. Stuttgarter-Zeitung.de - Kultur, Plieninger Str. 150, 70567 Stuttgart (Pressehaus)
24. Frankfurter Allgemeine - Feuilleton, Hellerhofstr. 2-4, 60327 Frankfurt/Main
25. Kant-Gesellschaft bzw. Universitäten: Fachbereiche Philosophie, Theologie ...

Anlage I / Anlage II (separat)

Versand: Ethos-Verlag
Postfach 1103
21231 Buchholz i.d.N.

Internetadresse: www.ethos-verlag.de
(wichtig dort: Seite „Verschiedenes“)

Sehr geehrte Damen und Herren (bzw. Lehrerinnen und Lehrer),

nahe der Städte Hamburg, Bremen, Hannover liegt der Naturschutzpark Lüneburger Heide, der vor etwa hundert Jahren gegründet wurde - in der Jugendbewegung (Wandervogel-Zeit). Ähnlich wie damals suchen Menschen auch derzeit nach Ruhe und Besinnung, um Pflichten im Beruf und in der Familie bewältigen zu können.

Zur „Wende nach Innen“ gehört eine besondere Landschaft, die durch relative Leere charakterisiert sein muss - keine Wüste, sondern eine Region wie die Lüneburger Heide, wo jeder - neben relativer Leere - auch Gemütlichkeit finden kann.

Die Besucher der Lüneburger Heide sind anspruchsvoller geworden - in leiblicher Beziehung ebenso wie in geistiger. Zum geistigen Bedürfnis könnte auch *Theologie* gehören, nämlich das, was die Kirchen **nicht** vermitteln wollen, doch zum **Kulturerbe der Menschheit**[1] gehört (verschlüsselt => entschlüsselt).

Die Anlage II (separat) soll mithelfen, Lücken zu schließen und Wünsche zu erfüllen: zum einen hinsichtlich der Besucher, zum andern hinsichtlich der Organisationen, die Erholung fördern - hier der Verein Naturschutzpark e. V., die Verkehrsvereine und die Inhaber der Gasthäuser in der Heideregion.

Über die hiesigen Verkehrsvereine könnten Menschen in den Großstädten Hamburg, Bremen, Hannover usw. angesprochen werden, an *theologischen* Kursen teilzunehmen - in gemütlichen Gasthäusern, mit Menschen gleicher oder ähnlicher Gesinnung. Diese Kurse würden sich von herkömmlichen etwas unterscheiden (HEILUNG durch Besinnung, siehe Anlage II, dort S. 24, 46/47, 52 unten).

Der jüdisch-christlichen Tradition würden die Kurse entsprechen: Zu den Gründungsmitgliedern des Vereins Naturschutzpark e. V. gehörte übrigens *Pastor* Bode aus Egestorf. Die Heideregion würde angereichert werden, was einer weichen Vermarktung der HEIL-Kuren nach *Pfarrer* Kneipp (Bad Wörishofen) ähnlich wäre oder der Einkehrtage im *Kloster* Nütschau bei Hamburg oder der Wende nach Innen auf dem *Jakobsweg* in Spanien, ja den geistlichen Erlebnissen vieler Tausend Jugendlicher in *Taize`*, Südfrankreich.

Für eine Renaissance des BESINNENS würde man gerne einen angemessenen Preis zahlen. Alle Seiten könnten Gewinne erzielen. Das folgende **Konzept** diesbezüglich:

Angebot: Theologische Kurse - mit nur einem Kurs- bzw. Schulungsleiter vorerst (unentgeltlich), kostenfreie Einführung und Nutzung des erforderlichen Arbeitsmaterials.

Förderer: Verein Naturschutzpark => Kursleiter (Lehrerinnen und Lehrer für Religion) => Verkehrsvereine in der Heideregion => Reisebüros in den Großstädten Hamburg, Bremen, Hannover usw.

Ideelle Gewinner: Stadt Buchholz i.d.N., Verein Naturschutzpark (dessen Antrag: Heideregion als **Kulturerbe der Menschheit**[1]), Teilnehmer an theologischen Kursen (HEILUNG durch Besinnung, s. o.).

Finanzielle Gewinner: Stadt Buchholz i.d.N., Reisebüros in den Großstädten, Gasthäuser in der Heideregion.

*

Erster Kontakt: Briefpost (s. o.).

In der Hoffnung, dass sich Gesprächskreise bilden, die ihrerseits theologische Kurse *selbständig* und ehrenamtlich anbieten, verbleibt

mit herzlichem Gruß B. Schmolke

Ethos-Verlag
Postfach 1103
21231 Buchholz i.d.N.

[1]) Heideregion als „Kulturerbe der Menschheit" und „Entschlüsselte Religion" passen zusammen. Auch die Bücher der Bibel nämlich gelten als Kulturerbe der Menschheit, als Heils-Botschaft an Personen und *Völker(!)*, werden jedoch rechtsfrei, d. h. nur *individualistisch* ausgelegt - mit entsprechenden Folgen: Armut in Entwicklungsländern, Bürgerkrieg, Migration, ja der Islamismus insgesamt lassen sich auf *Mängel(!)* der jüdisch-christlichen Verkündigung zurückführen: **Recht** und **Gerechtigkeit** stehen im Mittelpunkt der Bibel!

Die theologischen Kurse sollen neutral - **kirchenunabhängig** - durchgeführt werden. Die *Religion* bliebe bei den Kirchen, die *Theologie(!)* nicht unbegrenzt (Theologie: Wissenschaft oder Lehre von den religiösen Glaubensinhalten).

Der vorliegende Text *(Anlage I)* ist Teil des versandten Heftes „*Entschlüsselte Religion ...*" *(Anlage II)*. Autor: Bernhard Marxen.

Anlage III (Klärung eines rätselhaften Geschehens auf Grund der kantschen „Kritiken“)

MEINE HEIMAT SEI GELOBT:
GESCHEHEN AM WALDSEE

Vorwort

Dieser kurzen Abhandlung liegen vier Bücher von Immanuel Kant zugrunde, dem größten Philosophen des 18. Jahrhunderts, ja vielleicht aller Zeiten. Erstens sein Hauptwerk, die „Kritik der reinen Vernunft“, zweitens die „Kritik der praktischen Vernunft“, drittens die „Kritik der Urteilskraft“ und viertens die „Prolegomena ...“. Aus den genannten Büchern werden Textinhalte - ohne Zitate und Kennungen - übernommen.

Durch mühsame Arbeit hat Kant (1724-1804) die Philosophie neu begründet. Nur die Grobstruktur seines Werkes wird hier dargestellt, auch nur so weit, wie sich das Geschehen am Waldsee damit klären lässt.

Als erstes ist zu betonen, dass Kant die Möglichkeit der Erkenntnis untersucht hat, wie weit Erkenntnis rein, erfahrungsfrei sein kann. Für diesen Zweck hat er zwei Quellen der Erkenntnis unterschieden: die *Sinnlichkeit (Anschauung)* und den *Verstand,* was seine Vorgänger fahrlässig vermischt haben. Die „Dinge“, die wir anschauen, sind an Formen der Anschauung gebunden, nämlich an *Raum* und *Zeit.* Da wir sie in diesen Formen nur wahrnehmen können, bieten sich uns immer nur Erscheinungen dar von den Dingen, die in Absolutheit anders existieren.

Weiterhin hat Kant den *Verstand* untersucht, die zweite Quelle der Erkenntnis. Im Verstand müssen Strukturen bzw. Funktionen existieren, die sich komplementär zu jenen der Sinnlichkeit verhalten, sprich: zur ersten Quelle der Erkenntnis. Auf diesem Wege hat Kant die *Verstandesbegriffe* oder *Kategorien* entdeckt, z. B. Einheit, Vielheit, Kausalität (Ursache-Wirkung). Wenn sich spezifische Elemente aus der ersten Quelle (Sinnlichkeit) zu Strukturen bzw. Funktionen aus der zweiten Quelle (Verstand) komplementär verhalten, dann entstehen *synthetische Urteile a priori* (vor aller Erfahrung).

Vom Verstand aus hat Kant auf die Vernunft geschlossen bzw. die *natürlichen Vernunftideen,* die dialektisch auftreten. In dieser Hinsicht spielt die Kausalität (Ursache - Wirkung) eine besondere Rolle, deswegen, weil sie sittliche Freiheit begründet: Kants Ethik.

In Kants Ethik ist entscheidend, dass der Einzelne sinnlichen Neigungen zuwider handeln kann, d. h. ein *sittliches Sollen* zu erspüren vermag. Das darauf aufbauende *Sittengesetz* (kategorischer Imperativ) gilt nicht als inhaltlich gefasstes, sondern als formales Gesetz.

Aufgrund der kantschen Philosophie soll das Geschehen am Waldsee nun entschlüsselt werden. Im 5. bzw. 9. Abschnitt beginne ich mit der Entschlüsselung.

Buchholz i. d. N., im Okt. 2015/Dez. 2015 Bernhard Marxen

1. Begriffe der Erkenntnis

Kant hat seine Zeitgenossen vor die Notwendigkeit gestellt, eine Revolution des Denkens nach- und mitzuvollziehen. Denken muss sich auf Anschauung gründen, die erst dann entsteht, wenn Dinge sinnlich gegeben werden, wobei das Gemüt erregt wird. Die Fähigkeit, von Dingen erregt zu werden, nennt Kant *Sinnlichkeit,* die Anschauung vermittelt. Durch den Verstand erst werden Dinge gedacht und zu Begriffen gemacht. Direkt oder indirekt also muss sich jedes Denken auf *Anschauung* und *Verstand* gründen.

Die Wirkung eines Dinges, sofern man davon erregt wird, heißt Empfindung. Diejenige Anschauung, welche sich auf Empfindung bezieht, heißt *empirisch.* Das unbestimmte Ding einer empirischen Anschauung heißt Erscheinung, z. B. „Urechse" im Waldsee.

An der Erscheinung wird das, was die Empfindung bewirkt, die Materie der Erscheinung genannt, dasjenige, welches macht, dass das Mannigfaltige der Erscheinung geordnet wird, die Form der Erscheinung.

Kant hat jede Vorstellung rein genannt, zu der keine Empfindung gehört. Dafür hat er die Sinnlichkeit isoliert durch Absonderung dessen, was der Verstand durch Begriffe denkt. Nichts als empirische Anschauung bleibt so übrig. Danach hat er alles, was zur Empfindung gehört, ebenfalls abgesondert. Nichts als reine Anschauung bleibt so übrig - als das Einzige, was die Sinnlichkeit noch liefern kann, und zwar als reine Form der Anschauung oder als Bedingung der Anschauung bzw. Sinnlichkeit insgesamt.

Zwei reine Formen der Anschauung hat Kant so gefunden, nämlich Raum und Zeit als Prinzipien der Erkenntnis *a priori.* Nicht von der Beschaffenheit der Dinge *an sich selbst* hat Kant geredet, sondern von Formen der Sinnlichkeit bzw. Anschauung im subjektiven Verstand.

Zum besseren Verständnis seien drei wichtige Wörter erklärt:
1. an sich selbst = absolut, absolute Welt oder absolute Außenwelt.
2. a priori = vor aller Erfahrung, Wahrnehmung, Erscheinung.
3. empirisch = bedingt, durch Sinne gegeben.

Zusammengefasst: Erscheinungen, die im Gemüt auftauchen und ohne Empfindungen sind, hat Kant rein genannt. Als Formen der Erscheinung bzw. Anschauung allgemein gelten erstens der Raum, zweitens die Zeit.

2. Vom Raum und von der Zeit

Die Dinge, die wir sinnlich anschauen, haben räumliche Ausdehnungen. *An sich selbst* (absolut) sind diese Ausdehnungen so nicht vorhanden. Was wir Dinge nennen, ist bloße Erscheinung durch Sinnlichkeit, deren Form der Raum ist. Weil wir die Bedingung der Sinnlichkeit nicht zur Bedingung der Dinge, sondern nur zu deren Erscheinungen machen können, so können wir wohl sagen, dass alle Dinge, die uns erscheinen, den Raum betreffen, aber nicht alle Dinge an sich selbst, sie mögen angeschaut werden oder nicht.

Der Raum ist die Form der Erscheinung bzw. Anschauung, die notwendig und *a priori* (vor aller Erscheinung) dem Verstande angehören muss! Alles, was uns erscheinen möge, ordnet der Raum nebeneinander, die Zeit - auch eine Form der Erscheinung bzw. Anschauung - ordnet alles nacheinander. Nur der Zeit fällt die Aufgabe zu, die reine Anschauung als Ganzes zu vollziehen, während der Raum auf die äußere, die sinnliche oder *empirische* Anschauung begrenzt bleibt.

Gleich dem Raum ist die Zeit eine Bedingung der Erscheinung bzw. Anschauung, also an sich selbst nichts - außer dem Subjekt. Sich selbst kann die Zeit nicht verändern, nur etwas, das in der Zeit ist.

Nun sind Veränderungen einzig in der Zeit möglich, folglich ist Zeit doch etwas Wirkliches. Von der menschlichen Natur aus gesehen existiert empirische Realität, sprich: objektive Gültigkeit angesichts aller Dinge, die unseren Sinnen jemals gegeben werden mögen. Dennoch ist der Zeit keine absolute Realität eigen, nur Bedingung der Erscheinung bzw. Anschauung. Sie hat empirische Realität angesichts der Erscheinung, ist wirklich nicht als Objekt, sonder als Vorstellung meiner als Objekt.

Wenn ich mich selbst - ohne diese Bedingung - anschauen könnte, so würde eine andere Erscheinung auftauchen, in welcher die Vorstellung der Zeit, mithin auch der Bewegung, Veränderung, Entwicklung gar nicht vorkäme. Folglich bleibt der Zeit nur die empirische Realität als Bedingung der Erscheinung bzw. Anschauung, sowohl der äußeren als auch der inneren. Die absolute Realität kann ihr nicht zugestanden werden. Als reine Form der Sinnlichkeit ist die Zeit keine den Dingen objektiv anhängende Bestimmung!

Zurück zum Raum - in Bezug auf Bewegung, Veränderung, Entwicklung. An sich selbst (absolut) existiert kein Raum, ebenso wenig Bewegliches:

daher das Bewegliche etwas Empirisches sein muss, etwas, das im Raume nur durch sinnliche Erfahrung gefunden werden kann, also empirisch.

Der Raum ist - gleich der Zeit - eine Bedingung der Erscheinung bzw. Anschauung, also an sich selbst nichts - außer dem Subjekt. Und doch ist der Raum angesichts der äußeren Erscheinung bzw. Anschauung notwendig objektiv. Fügt man nämlich zum Begriff des Raumes die Dinge hinzu, so entsteht objektive Gültigkeit. Was es für eine Bewandtnis mit den Dingen an sich selbst hat (absolute Außenwelt), bleibt uns gänzlich unbekannt. Wir kennen nichts als die Art sie wahrzunehmen. Zu uns gehört diese Art des Wahrnehmens, die nicht notwendig jedem Wesen, obzwar jedem Menschen, zukommen muss.

Zum Verstand: Ohne Sinnlichkeit würde uns kein Ding gegeben, ohne Verstand könnten wir kein Ding denken. Anschauung ohne Begriff ist blind, Gedanke ohne Inhalt ist leer. Ohne Anschauung und Verstand sind Erkenntnisse nicht möglich.

Die Struktur des Verstandes trägt Begriffe und Formen der Sinnlichkeit (Raum und Zeit). Die Struktur der Umwelt trägt mannigfaltige Informationen. Würden Elemente beider sich vereinen, so käme ein *synthetisches Urteil* zustande, das von moralischer Art sein könnte - wie Kant in der „Kritik der praktischen Vernunft" erklärt hat.

An dieser Stelle sei angemerkt, dass der Verstand bzw. die Vernunft sowohl Werkzeug als auch Objekt der Erkenntnis sein könnte. Das heißt: Wenn die Vernunft als Werkzeug und als Objekt zugleich sich bewährte, so wäre sie Richter und Angeklagter zugleich, hätte das Gesetz der „Kritik", mit dem sie sich selbst überprüfen könnte, sprich: Selbsterkenntnis betreiben könnte.

Zusammengefasst: Die Zeit ist die subjektive und formale Bedingung aller Erscheinungen, sowohl der äußeren als auch der inneren Erscheinungen. Der Raum, subjektive und formale Bedingung ebenfalls, erfasst nur die äußeren Erscheinungen. Die Dinge, die an sich selbst existieren, haben mit Raum und Zeit nichts zu tun. Da wir sie in Formen der Sinnlichkeit auffassen müssen, bieten sich uns nur Erscheinungen dar. Was die Dinge an sich selbst sind, kann niemand sagen. Wir haben nur Vorstellungen davon. Die Dinge und Beziehungen untereinander richten sich nicht nach unserem Verstand, sondern unser Verstand muss sich nach ihnen richten!

Nach Kant liegt eine Synthese vor, wenn Mannigfaltiges vereint worden ist, was durch Verstandesbegriffe und spezifische Informationen aus der Umwelt geschieht und synthetisches Urteil genannt wird.

3. Philosophische Wende

Im Zentrum der kantschen Philosophie stehen synthetische Urteile a priori (vor aller Erfahrung). Durch Kant hat die Philosophie eine Wende vollzogen, die mit der revolutionären Wende des Kopernikus (1473 - 1543) vergleichbar ist, ja vielleicht sie noch übertrifft. Vor Kopernikus galt die Erde als Mittelpunkt des Universums, in dem die Erde ruhte. Nach vergeblichen Mühen der Astronomen, die Phänomene angemessen zu denken, nahm Kopernikus umgekehrt an, dass der Sternenhimmel ruhe und die Erde - samt der Astronomen - sich drehe.

Gleich dieser Sichtweise hat Kant die Philosophie umgewälzt, hat die Formel für das synthetische Urteil a priori gefunden. Statt die äußeren Dinge und ihre Beziehungen untereinander zu befragen, vollzog er die Wende und befragte sich selbst bzw. den menschlichen Verstand, der von äußeren Dingen und ihren Beziehungen untereinander nur Vorstellungen haben kann. Der Mensch kann nur das erkennen, was die Struktur seines Verstandes zulässt.

Hier sei - bezüglich meines 1. Buches - eingeschoben: bei Beachtung der kantschen Philosophie hätte der ideologische Streit zwischen Materialismus und Idealismus längst beigelegt werden können, mehr zugunsten des Materialismus. Nach der Lesart des Materialismus nämlich lautet das primäre Prinzip: Das gesellschaftliche Bewusstsein entsteht durch das gesellschaftliche Sein, sprich: durch die Außen- bzw. Umwelt des einzelnen Menschen.

Oder verklausuliert: Die Wirklichkeit bzw. unsere Welt („it“) entsteht aus Information („Bit“), die sich uns mitteilt („it from Bit“), was im 1. Buch verdeutlicht worden ist (Vorwort u. Problemfeld).

Unter Prinzip hat Kant eine synthetische Erkenntnis verstanden, unter Maxime einen subjektiven Grundsatz zur Vollkommenheit hin, zur Befolgung des Sittengesetzes. Das Geschehen am Waldsee hat damit zu tun.

4. Beispiele: analytische und synthetische Urteile

Zwischen analytischen und synthetischen Urteilen hat Kant unterschieden, mit Hinweis, auf D. Hume (1711-1776), der sich selbst befragt hat: „Wie ist es möglich, dass ich über einen gegebenen Satz (Begriff) hinausgehen und einen anderen Satz (Begriff) mit ihm verknüpfen kann, und zwar so, als ob der erste Satz (Begriff) zum zweiten gehörte?“

Aufgrund dieser Frage ist Kant zu folgender Erkenntnis gekommen. Erstens: Ein Urteil ist analytisch, wenn zum Inhalt eines gegebenen Satzes nichts hinzugefügt wird, der Satz also erläuternd ist. Zweitens: Ein Urteil ist synthetisch, wenn zum Inhalt eines gegebenen Satzes etwas hinzugefügt wird, was den Satz erweitert und allgemein werden lässt.

Diesbezüglich seien zwei Beispiele (Sätze) genannt, die zum einen analytisch, zum andern synthetisch sind. Erster Satz: „Alle Körper sind ausgedehnt.“ Erkenntnis: Im Begriff des Körpers steckt schon die Vorstellung „ausgedehnt“. Durch den Begriff „ausgedehnt“ bekommt der Satz einen erläuternden Charakter. Das Urteil ist analytisch.

Zweiter Satz: „Alle Körper sind schwer.“ Erkenntnis: Dem Begriff des Körpers wird etwas hinzugefügt, nämlich das, was Allgemeinheit entstehen lässt, das, was im Begriff des Körpers nicht mitgedacht wird, nämlich „schwer“. Der Satz ist erweiternd. Das Urteil ist synthetisch.

Kant hat festgestellt, dass sowohl die Geometrie als auch die Mathematik als auch die Naturwissenschaft zu synthetischen Urteilen führen müssen, damit Notwendigkeit und strenge Allgemeinheit entstehen kann. Beides nämlich, Notwendigkeit und strenge Allgemeinheit, gelten als sichere Zeichen für synthetische Urteile.

Je ein Blick auf die Geometrie, die Mathematik und die Naturwissenschaft. Dass z. B. die gerade Linie zwischen zwei Punkten die kürzeste sei, ist ein synthetischer Satz. Aus dem Begriff „kürzeste“ kann der Begriff „gerade Linie“ nicht gefolgert werden. Doch mit Hilfe von *Anschauung* gelingt diese Synthese. Bevor diese *Anschauung* erklärt wird, sei ein einfacher Satz aus der Mathematik vorgestellt.

Man könnte meinen, der Satz 7 + 5 = 12 sei ein analytischer (erläuternder) Satz, weil auf beiden Seiten der Gleichung dasselbe stehe, also Erläuterung vorliege. Wenn man hingegen beachtet, dass der Begriff der Summe 7 + 5 nichts enthält, was zum Begriff der Zahl 12 führt, dann verwirft man seine Meinung. Man muss über beide Begriffe hinausgehen und für *Anschauung* sorgen: z. B. zu sieben Kugeln fünf weitere schrittweise zählen, bis schließlich die Einheit 12 erscheint (Synthese von Mannigfaltigem).

Das Urteil ist synthetisch (erweiternd), ebenso alle Gleichungen bzw. Sätze aus der Geometrie und Mathematik.

Man kann von reiner Mathematik erst dann sprechen, wenn reine Anschauungen bzw. reine Formen der Sinnlichkeit möglich sind. Dies betrifft nicht die Materie der Erscheinungen, nicht jenes, was Empfindung auslöst und das Empirische ausmacht, sondern nur die Prinzipien der Erkenntnis (s. Punkte 1 und 3), die dem Verstande eigen sind und den Erscheinungen vorhergehen.

Die Naturwissenschaft basiert ebenfalls auf synthetischen Urteilen. Der folgende Satz „in allen Veränderungen der körperlichen Welt bleibt die Quantität der Materie unverändert gleich", ist nichts anderes als der Energieerhaltungssatz. Oder: „Bei Bewegung sind Wirkung und Gegenwirkung einander gleich" ist der bekannte Satz: Aktion gleich Reaktion. Beide Sätze sind nicht analytisch, sondern synthetisch (erweiternd), weil etwas hinzugedacht wird und Allgemeinheit entsteht. Alle Sätzen der Geometrie, Mathematik, Naturwissenschaft sind synthetisch.

Zurück zum Satz „it from Bit". Erkenntnis: Ein synthetisches Urteil „it" entsteht aus Information „Bit" der Umwelt, andererseits aus Begriffen im Verstand, d. h. aus „Bit".

5. Geschehen am Waldsee

Mit Blick auf synthetische Urteile sei an das Geschehen am Waldsee erinnert, an jahrzehntelanges Suchen nach der Ursache. Im 2. und 5. Buch ist darüber berichtet worden. Das 2. Buch trägt übrigens den Titel „Modellsystem der realen Welt: Beitrag zur Synthese und Reduktion von Information".

Durch Anschauung eines Dinges (Urechse), das fremd mir war, doch real mir erschien, hat mein Verstand ein Urteil erzeugt - ein synthetisches Urteil a priori (vor aller Erfahrung). Als Bedingung für synthetische Urteile gelten *Anschauung* und *Verstand!*

Wie hat mein Verstand ein synthetisches Urteil erzeugen können, das nicht nur allgemeingültig, sondern auch notwendig und objektiv sein kann, ein synthetisches Urteil, das Begriff und Information beinhaltet? Als erste Quelle und Bedingung dafür sind innere Erscheinungen, sprich: Raum und Zeit als reine Formen der Anschauung, ausgiebig behandelt worden. Als zweite Quelle und Bedingung dafür, muss meinem Verstand eine Struktur eigen sein, die das Mannigfaltige ordnen und die erste Quelle ergänzen kann, und zwar komplementär zur ersten Quelle. Einzig aufgrund der ersten Quelle nämlich kann ein synthetisches Urteil a priori nicht zu Stande kommen.

6. Reine Anschauung und reiner Verstandesbegriff (Kategorie)

Um Mannigfaltiges unter die Einheit des Denkens bringen zu können, hat Kant zwischen reinen Anschauungen und reinen Verstandesbegriffen (Kategorien) unterschieden. Die reinen Elementarbegriffe der Sinnlichkeit (Raum und Zeit) sind reine Anschauungen, die den äußeren Dingen formgemäß entsprechen. Anders die *reinen Verstandesbegriffe:* keine Sinnlichkeit liegt ihnen zugrunde. Als logische Funktionen treten sie im Verstande auf, haben selbst keine materielle Struktur, sind nur logische Funktionen materieller Struktur.

Kant hat zwischen Wahrnehmungsurteilen und Erfahrungsurteilen unterschieden. Zuerst sind alle Urteile nur Wahrnehmungsurteile, die keine Objektivität, sondern nur logische Verknüpfung subjektiver Wahrnehmungen verlangen. Doch anders Erfahrungsurteile, die objektive Gültigkeit beanspruchen und über die Anschauung hinaus eine zweite Quelle benötigen, um aus einem Wahrnehmungsurteil ein Erfahrungsurteil werden zu lassen. Die Bedingungen dafür sind im Verstand schon vorhanden, erstens: reine Formen der Anschauung (Raum und Zeit) als erste Quelle und zweitens: reine Verstandesbegriffe (Kategorien) als zweite Quelle. Nur aus beiden Quellen gemeinsam lassen sich allgemeine und objektive Sätze begründen: synthetische Urteile a priori, die als Begriff und Information geäußert werden, z. B. Geschehen am Waldsee.

Wenn ein Begriff mit einem Ding übereinstimmt, so stimmen alle Begriffe, die zu diesem Ding gehören, mit ihm überein. Objektive Gültigkeit bedeutet nichts anderes als notwendige Allgemeingültigkeit.

Zurück zur zweiten Quelle: zum reinen Verstandesbegriff, der zu jedem Verstand als Funktion gehören muss. Eine spezifische Form der Anschauung könnte auf ihn wirken. Nun soll geurteilt werden, was dem Verstand eigen ist. Dieses Urteilen kann verschieden ausfallen: erstens ich vergleiche nur, zweitens ich verbinde bewusst. Im ersten Fall entstehen einzig subjektive Wahrnehmungsurteile, ohne Notwendigkeit und Allgemeingültigkeit.

Damit aus Wahrnehmung aber Erfahrung werden kann, muss die reine Anschauung unter einen Begriff gebracht werden (als Funktion von Struktur), der im Verstand schon vorliegt und die Form des Urteilens überhaupt bestimmt. Ein solcher Begriff ist der reine Verstandesbegriff (zweite Quelle), durch den das Wahrnehmungsurteil (ohne Allgemeingültigkeit) zum Erfahrungsurteil werden kann, einzig dadurch, dass die reine Anschauung und der reine Verstandesbegriff zur Synthese gelangen, was für Erfahrungsurteile erforderlich ist.

Kant hat die Frage, wie beide Quellen der Erkenntnis (reine Anschauung und reiner Verstandesbegriff) das synthetische Urteil ermöglichen, erst in der „Prolegomena ..." deutlicher erklären können. Mit Blick auf die „Kritik der reinen Vernunft" hat er darlegen können, dass nur spezifische Elemente der reinen Anschauung, die zu logischen Funktionen (Verstandesbegriffen) passen, Synthesen ermöglichen. Weil jeder Verstandesbegriff unterteilt, in Unterbegriffe gegliedert ist, sind Synthesen nur dort möglich, wo spezifische Elemente der reinen Anschauung einerseits und reine Verstandesbegriffe bzw. Unterbegriffe andererseits sich komplementär zueinander verhalten. Nur spezifische Elemente der reinen Anschauung passen zu reinen Verstandesbegriffen bzw. Unterbegriffen, die folglich Synthesen einleiten, zu Einheiten werden (drei Einheiten am Waldsee).

In den Vorarbeiten zum synthetischen Urteil sind die beiden Urteils-Elemente, reine Anschauung und reiner Verstandesbegriff, schon bereitgestellt worden, sodass die Synthese beider nur noch bewiesen werden musste. Diese Synthese hat zur Voraussetzung, dass sich beide Urteils-Elemente streng unterscheiden und keine Verbindung zwischen ihnen besteht. Nach langem Nachdenken hat Kant die reinen Verstandesbegriffe von den Elementen der reinen Anschauung (Raum und Zeit) absondern und unterscheiden können.

Weiterhin hat Kant klären können, wie sich der Übergang von der Anschauung zum Denken vollzieht, wobei der Zusammenhang beider erkennbar wird, doch die Eigenständigkeit beider gewahrt bleibt.

Zusammengefasst: Eine Synthese entsteht durch Komplementarität zweier Größen: durch ein spezifisches Element der reinen Anschauung und einen reinen Verstandesbegriff bzw. Unterbegriff. Das synthetische Urteil erscheint als *Gedankenform* im Verstand, hat allgemeingültigen und objektiven Charakter folglich.

7. Erste tabellarische Auflistung

Kant hat zwei Tabellen geliefert: Die erste zeigt alle Verstandesbegriffe (vier an der Zahl) mit je drei abgeleiteten Unterbegriffen. Zu dieser Tabelle passt eine zweite mit synthetischen Urteilen (vier an der Zahl) und je drei Unterarten. Jeder Verstandesbegriff entspricht einem synthetischen Urteil, in derselben Reihenfolge.

A: SYNTHETISCHE URTEILE

1) Der Quantität nach: Allgemeine - Besondere - Einzelne
2) Der Qualität nach: Bejahende - Verneinende - Unendliche
3) Der Relation nach: Kategorische - Hypothetische - Disjunktive
4) Der Modalität nach: Problematische - Assertorische - Apodiktische

B: REINE VERSTANDESBEGRIFFE

1) Der Quantität nach: Einheit (das Maß) - Vielheit (die Größe) - Allheit (das Ganze)
2) Der Qualität nach: Realität - Negation - Einschränkung
3) Der Relation nach: Substanz - Kausalität (Ursache - Wirkung) - Gemeinschaft
4) Der Modalität nach: Möglichkeit - Dasein - Notwendigkeit

Aus der Tabelle B seien zwei abgeleitete Unterbegriffe genannt, die im Text gleich vorkommen: Kausalität (Ursache) und Vielheit (Größe).

8. Beispiele: Synthetische Urteile

Anschauungen müssen immer unter Begriffen stehen, die Kant reine Verstandesbegriffe (Kategorien) genannt hat. Als erstes Beispiel sei der Satz genannt: „Die Sonne erwärmt den Stein." Zu diesem Satz gehört der Verstandesbegriff „Ursache", der den Begriff „Sonnenschein" mit dem der „Wärme" synthetisch verknüpft.

Ein zweites Beispiel: „Die gerade Linie ist die kürzeste zwischen zwei Punkten." Der Begriff „gerade Linie" steht unter dem Verstandesbegriff „Größe", der die Begriffe „kürzeste" und „gerade Linie" verbindet.

Mit Analysen und Beweisen hat Kant die „Kritik der reinen Vernunft" vollenden, hat darlegen können, dass synthetische Urteile a priori möglich sind, dass Philosophie und Wissenschaft auf festem Grund stehen können, womit sein Hauptwerk (766 Seiten) größtenteils abgeschlossen ist.

Ich selbst habe mich redlich bemüht, das Wesentliche seines Werkes so deutlich und so kurz(!) wie möglich darzustellen, wobei die Analysen und Beweise, in denen die größten Schwierigkeiten stecken, natürlich ausgelassen wurden. Mit Hilfe der „Prolegomena" erst habe ich sein Werk endlich verstehen können!

9. Erster Versuch: Entschlüsselung des Geschehens

Um das Geschehen am Waldsee klären zu können, sei an D. Hume erinnert bzw. an dessen Frage, die Kant zur „Kritik der reinen Vernunft" geführt hat. Humes Frage: „Wie ist es möglich, dass ich über einen gegebenen Satz (Begriff) hinausgehen und einen anderen Satz (Begriff) mit ihm verknüpfen kann, und zwar so, als ob der erste Satz (Begriff) zum zweiten gehörte?" (s. Punkt 4, oben)

Das Geschehen am Waldsee soll nun entschlüsselt werden (im ersten Versuch). Ausgelöst wurde der Gedanke *„erkenne, schreibe, lehre"* durch den umgestürzten Baum, der einer „Urechse" ähnlich war. Mit Urechsen hatte ich zwar nichts zu tun, doch Fabeltiere kannte ich aus meinen Kindzeiten, aus Märchen und Mythen und vielleicht auch aus der Bibel. Zu Fabeltieren gehört meist die Eigenschaft „böse", gleich den Dinosauriern, Krokodilen und Schlangen. Den Leviathan der Bibel aber - als Oberbegriff von Bosheit - kannte ich nicht (s. Anlage II, Abschnitt 4.1.1, Punkt 5).

Was geschah in meinem Verstand? Als ich Büsche und niedrige Tannen mühsam durchquert hatte, sah ich einen umgestürzten Baum im See, der als Urechse mir erschien und als spezifische Form der Sinnlichkeit bzw. Anschauung gelten muss. Das heißt: Von der Urechse drang spezifische Information in meine Augen und folglich in meinen Verstand, wurde dort zur reinen Anschauung und gelangte unter reine Verstandesbegriffe. Aufgrund entstandener Komplementarität ist ein synthetisches Urteil möglich geworden, nämlich in *drei Teilgedanken,* erstens: „erkenne, schreibe, lehre", zweitens: „und du wirst berühmt werden" und drittens: „Nein, berühmt will ich nicht werden!" Danach sprach ich diese Teilgedanken reflexartig aus - als synthetisches Urteil a priori (vor aller Erfahrung).

Nun lautet die Frage. Welcher Verstandesbegriff lässt sich dem ersten Teilgedanken „erkenne, schreibe, lehre" zuordnen? Man schaue in die

Tabellen A und B oben, die sich komplementär zueinander verhalten, d. h. alle Urteile in der Tabelle A passen zu allen Verstandesbegriffen in der Tabelle B, in derselben Reihenfolge.

Unter „Qualität" sowohl der ersten als auch der zweiten Tabelle kann ich erkennen, dass der Verstandesbegriff „Realität" (Bosheit) zum Urteil „Bejahende" passt: sich komplementär zu ihm verhält. Zusätzlich sei auf „Relation" gewiesen, wo der Verstandesbegriff „Ursache" steht, der die Begriffe *„erkenne, schreibe, lehre"* miteinander verbindet.

Der zweite Teilgedanke *„und du wirst berühmt werden"* steht ebenso wie der dritte Teilgedanke *„Nein, berühmt will ich nicht werden!"* mit dem ersten in Verbindung. Unter „Qualität" kann ich erkennen, dass der Verstandesbegriff „Negation" zum Urteil „Verneinende" passt, sich komplementär zu ihm verhält, und das synthetische Urteil a priori vollendet.

Warum der umgestürzte Baum als „Urechse" mir erschien und warum ich über *Sünde* und *Bosheit* nachdenken und schreiben sollte, darüber möchte ich hier nicht rätseln (zweiter Versuch der Entschlüsselung in Punkt 16). Etwa zwanzig Jahre nach dem Geschehen fand ich in der Bibel das Fabeltier *Leviathan,* zehn Jahre später das Sinnbild für Bosheit: den Leviathan der Bibel. (Kant spricht von *Noumenon* diesbezüglich.)

Zusammengefasst: Beim Prüfen der menschlichen Erkenntnismöglichkeit gelang es Kant, die reinen Elementarbegriffe der Sinnlichkeit (Raum und Zeit) von denen des Verstandes zu unterscheiden und abzusondern. Auf diesem Wege konnte er das Mannigfaltige der Vorstellung unter die Einheit des Denkens bringen. Schließlich kam er zu logischen Funktionen, zu reinen Verstandesbegriffen und synthetischen Urteilen. Diesbezüglich sei betont, dass die reinen Verstandesbegriffe keine Begriffe und Informationen von Dingen an sich selbst, sondern nur logische Funktionen materieller Gehirnstrukturen sind. Der Begriff liegt im Verstand als reiner Verstandesbegriff und entsteht im Verstand als synthetisches Urteil, das durch Begriff und Information geäußert wird.

Mit der Frage, die David Hume gestellt hatte, begann Kant seine Suche. Mit dem Geschehen am Waldsee begann meine Suche (vor knapp 35 Jahren). Sowohl in der „Kritik der reinen Vernunft" als auch in der „Kritik der praktischen Vernunft" als auch in der „Kritik der Urteilskraft" hat Kant deutlich gemacht, dass die absolute Welt nicht erkennbar ist, bis auf ein *Sollen* - als moralische Pflicht! Hat das *Sollen* mich damals gelenkt?

10. Vom Verstand zur reinen Vernunft

In der „Kritik der reinen Vernunft" ist jener Bezirk umgrenzt, wo die Vernunft als Erkenntnisfunktion durch Anschauung und Denken wirksam wird. Wird die Vernunft aus sich selbst tätig, ohne mit der Anschauung eine Verbindung einzugehen, so wird das, was sie zu erkennen vorgibt, nicht als verlässlich gelten können.

Hier beginnt ein „Ozean" des Scheins, in dem „Länder" erlogen werden, wo Erzähler, Fantasten und Betrüger wohnen. Befahren wird der Ozean von der Vernunft ebenfalls, die der Versuchung erliegt, Logik und Dialektik dem Ozean anzupassen. Inmitten des Ozeans aber liegt eine Insel, die Insel der Wahrheit, wo eine *Dialektik der reinen Vernunft* möglich ist, und zwar eine natürliche, unvermeidliche Dialektik, nicht eine, die Sophisten erdacht haben und vernünftige Leute verwirrt, sondern eine, die den reinen *Vernunftideen* folgt und auf Wahrheit gerichtet ist.

Der Begriff der *Wahrheit,* der zu allen Religionen gehört, weist auf das *Urteil a priori* und bedeutet: Übereinstimmung der Erkenntnis mit den formalen und allgemeinen Gesetzen des Verstandes bzw. der Vernunft. Was nicht Form, sondern Inhalt betrifft, könnte als Irrtum sich erweisen. Der Begriff der Wahrheit also muss formal gesehen werden, auch die Gebote der abrahamitischen Religion (Judentum, Christentum, Islam). Diesbezüglich sei auf mein 7. Buch gewiesen (Anlage II), wo die Begriffe „Entschlüsselung" und „Schlüssigkeit" im Mittelpunkt stehen.

Erkenntnisse des Verstandes lassen sich durch Erfahrung bestätigen, jedoch nur, wenn sie auf Gesetzen des Verstandes gründen. Erkenntnisse der Vernunft lassen sich nicht durch Erfahrung bestätigen. Schein und Irrtum kann die reine Vernunft jedoch zurückdrängen: Unter ihren Ideen fordert die reine Vernunft Vollständigkeit des Verstandes hinsichtlich der Erfahrung. Diese Vollständigkeit ist eine Vollständigkeit der Prinzipien, nicht der Dinge, Anschauungen und Erfahrungen (s. Punkt 3, unten).

11. Begriffe der reinen Vernunft

Einem Wissenschaftler kann nichts Besseres geschehen, als dass er die Ergebnisse seiner Forschung aus nur einem Prinzip herleitet und alles damit vereint. Genau dieses Prinzip hat Kant in seinem Forschungsgebiet gefunden: das synthetische Urteil.

Wiederholung: Beim Prüfen der Erkenntnismöglichkeit gelang es Kant, die Elementarbegriffe der Sinnlichkeit (Raum und Zeit) von denen des

Verstandes zu unterscheiden und abzusondern. Auf diesem Wege konnte er das Mannigfaltige der Erscheinung unter die Einheit des Denkens bringen. Danach fand er die reinen Verstandesbegriffe bzw. logischen Funktionen sowie die synthetischen Urteile. Wichtig ist diesbezüglich, dass die reinen Verstandesbegriffe keine Begriffe und Informationen von Dingen an sich selbst sind (von der absoluten Außenwelt), sondern nur auf Begriffe bzw. Informationen sinnlicher Erfahrung sich beziehen.

Ganz anders die Begriffe bzw. Ideen der reinen Vernunft, die zur Vollständigkeit tendieren und keine Erfahrung mehr benötigen, weil sie über die Erfahrung hinausgehen können. Zwischen dem, was zur Natur des Verstandes und dem, was zur Natur der Vernunft gehört, muss also unterschieden werden. Doch Einstimmung muss sich ergeben: das erste muss zur Vollständigkeit des zweiten beitragen, sodass Schein und Irrtum zurückgedrängt werden.

Die Vernunft steht über dem Verstand, schränkt ihn auf Anschauung und Erfahrung ein. Dafür braucht die Vernunft Begriffe, die auf kollektive Einheit der Erfahrung gerichtet sind. Dass diese Begriffe auch verwirren können, ist wahrscheinlich. Doch die Begriffe, die zur reinen Vernunft gehören, treten dialektisch auf - entwickeln sich auf *Wahrheit* hin!

Jene Begriffe hat Kant *natürliche Vernunftbegriffe (Vernunftideen)* genannt, da sie auf die Natur an sich selbst gerichtet sind (auf die absolute Natur). Mit der folgenden Tabelle C hat er diese Begriffe bzw. Ideen auf die Begriffe bzw. Urteile in den Tafeln B und A bezogen - in derselben Reihenfolge, nach Anzahl gleich und je komplementär zu ihnen.

12. Zweite tabellarische Auflistung

So wie die Verstandesbegriffe zur Natur des Verstandes gehören, so die Vernunftideen zur Natur der Vernunft, die notwendig *dialektisch* auftritt. Kant hat diese *Dialektik* in vier Sätzen/Gegensätzen ausgedrückt, bezüglich der gesamten Natur an sich selbst, d. h. der gesamten absoluten Natur.

C: NATÜRLICHE VERNUNFTBEGRIFFE/VERNUNFTIDEEN

1. Satz und Gegensatz:

Satz: Die Welt hat der Zeit und dem Raum nach einen Anfang (Grenze).
Gegensatz: Die Welt ist der Zeit und dem Raum nach unendlich.

2. Satz und Gegensatz:

Satz: Alles in der Welt besteht aus dem
Einfachen.
Gegensatz: Es ist nichts Einfaches, sondern alles
ist zusammengesetzt

3. Satz und Gegensatz.

Satz: Es gibt in der Welt Ursachen durch
Freiheit.
Gegensatz: Es ist keine Freiheit, sondern
alles ist Natur.

4. Satz und Gegensatz.

Satz: In der Reihe der Weltursachen
ist irgendein notwendig Wesen (Gott)
Gegensatz: Es ist in ihr nichts notwendig, sondern
in dieser Reihe ist alles zufällig.

Hinsichtlich der ersten beiden Sätze/Gegensätze sei hier gefragt: Lässt sich durch Erfahrung beweisen oder widerlegen, ob die Welt einen Anfang hat oder unendlich ist? Lässt sich durch Erfahrung beweisen oder widerlegen, ob die Welt aus dem Einfachen besteht oder zusammengesetzt ist? Antwort: Durch Erfahrung lassen sich diese Sätze/Gegensätze weder beweisen noch widerlegen. Sie gelten als Vernunftideen, die dialektisch auftreten. Schein und Irrtum können aufgelöst werden: Satz und Gegensatz nötigen zur Selbstprüfung!

Der Dialektik Kants (These - Antithese - Synthese) bin ich gefolgt - teils unbewusst: dem 1. und 2. Satz/Gegensatz im ersten Buch, dem 3. Satz/Gegensatz im zweiten Buch, dem 4. Satz/Gegensatz in mehreren Büchern (religiöse Einheit: fünftes, sechstes, siebentes Buch). Um politische Anwendung mit kleinstem Zwang bzw. Widerstand *(Prinzip der kleinsten Wirkung)* geht es im dritten und vierten Buch (politische Einheit). Die folgenden Beschreibungen betreffen nur den 3. und 4. Satz/Gegensatz - bezüglich der kantschen Kritiken.

In Kants Hauptwerk, der „Kritik der reinen Vernunft“, steht der 3. Satz/Gegensatz unter der Überschrift: „Dritter Widerstreit der transzendentalen Ideen“. - Nach langer Suche erst hat mich dies wieder angeregt!

13. Kausalität nach Gesetzen der Natur - Kausalität durch Freiheit

Bis zur Veröffentlichung der kantschen Kritiken hatte die Annahme vorgeherrscht, dass alles durch „Kausalität nach Gesetzen der Natur" vorherbestimmt sei, dass Freiheit also nicht existiere, weder in der Natur noch in der Gesellschaft. Kant hingegen hat diese Annahme widerlegt, hat zur Geltung gebracht, dass zur Natur des Menschen auch *Freiheit* gehöre, dass von *Würde* erst dann gesprochen werden könne, wenn dem Menschen Freiheit zuerkannt werde. Diesbezüglich hat er den 3. Satz/Gegensatz der natürlichen Vernunftideen betont, der folgendem *Schema(!)* entspricht:

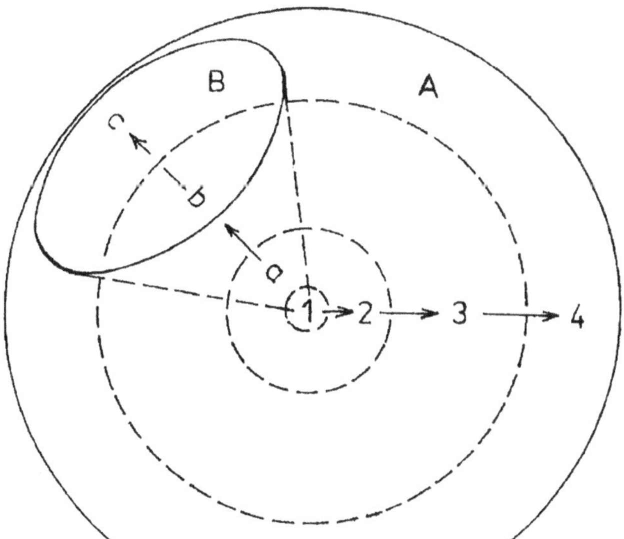

A: Kausalität nach Gesetzen der Natur (Kugelgestalt, 1 bis 4):
- im metaphysischen Segment 1
- im physikalischen Segment 2
- im biologischen Segment 3
- im ethischen Segment 4

B: Kausalität durch Freiheit (Kegelgestalt, a bis c):
- im physikalischen Segment a
- im biologischen Segment b
- im ethischen Segment c

Gesetze der Natur haben wir viele entdecken können. Doch ihre Verknüpfungen zum absoluten Gesetz der Natur: zur Natur an sich selbst, werden wir niemals aufdecken können. Denn nicht mit der Natur an sich selbst haben wir es zu tun, sondern nur mit Erscheinungen der Natur, deren Gesetze im menschlichen Verstande liegen.

Wird die Kausalität (Ursache - Wirkung) nach Gesetzen der Natur nur angenommen, dann bewegt sich der Gedanke von einer Ursache zu ihrer Wirkung, von dieser als Ursache zur nächsten Wirkung, und zwar nach zwei Richtungen hin: erstens zu einem Anfang und zweitens zu einem Ende, ohne diese Ziele jemals erreichen zu können. Einen ersten Anfang und ein letztes Ende nämlich kann es nach Gesetzen der Natur nicht geben. Um die Einheit der Kausalkette herstellen zu können, muss an deren Anfang und an deren Ende ein nicht mehr verursachtes Glied gesetzt werden, sprich: Kausalität durch Freiheit (s. Schema: **B**).

Kausalität nach Gesetzen der Natur allein (s. Schema: **A**) ist nicht hinlänglich. Eine zweite Kausalität muss hinzukommen. Kant hat ein Beispiel dafür gegeben: Wenn ich - ohne Notwendigkeit - von meinem Stuhl nun aufstehe, so beginnt eine zweite Kausalkette mit einem ersten Anfang: Ursache durch Freiheit.

Nach Gesetzen der Natur läuft alles bedingt: die Wirkungen der Dinge sind abhängig von Ursachen anderer Dinge. Wenn alles aber bedingt wäre, nach Gesetzen der Natur nur liefe, so gäbe es keine *Zufälligkeit,* was die Wissenschaft allgemein widerlegt hat.

14. Grundgesetz der reinen praktischen Vernunft (tiefste Erkenntnis)

Kant hat zwischen der reinen Vernunft und der praktischen Vernunft unterschieden. In tiefen Analysen hat er das *Grundgesetz der reinen praktischen Vernunft* (Sittengesetz) gefunden - als einziges Faktum der reinen Vernunft, die sich dadurch als ursprünglich *gesetzgebend(!)* ankündigt: *Handele so, dass die Maxime deines Willens jederzeit zugleich als Prinzip einer allgemeinen Gesetzgebung(!) gelten könne.* (s. Punkt 3, unten)

Von der „Kritik der reinen Vernunft" aus hat Kant das Sittengesetz entdeckt, als Bestimmungsgrund subjektiven Wollens. Von Gesetzen der Natur ist es gänzlich unabhängig: Freiheit existiert als Vermögen der praktischen Vernunft. Gute und böse Taten können von selbst beginnen!

Mit „allgemeiner Gesetzgebung" ist eine *gerechte Gesetzgebung* gemeint, als moralische Pflicht. Gesetzgebend ist die reine Vernunft, weil sie praktisch auftreten kann, in *reiner(!) praktischen(!)* Vernunft.

Das Sittengesetz ist (inhaltlich) kein Gesetz der Natur, sondern ein Gesetz der Kausalität durch Freiheit (3. Satz der natürlichen Vernunftideen, s. Punkt 12), das den Begriff der Kausalität mit dem der Freiheit verbindet, d. h. die *Lücke* in der Kausalkette schließt *(B: Kegelgestalt)*. Wäre Freiheit nicht gegeben, so wäre das Sittengesetz auch nicht gegeben.

Zusammengefasst: Das Denken basiert nicht auf Gesetzen der Natur, sondern auf Begriffen, die im Verstand und in der Vernunft liegen. Die natürlichen Vernunftbegriffe/Vernunftideen entwickeln sich auf *Wahrheit* hin!

15. Sittengesetz und Neuer Bund

Das Sittengesetz ist der *reinen Vernunft* eingeschrieben - a priori (vor aller Erfahrung). Wichtig ist, dass der Mensch ein *Sollen* zu erspüren vermag und, durch Pflichtforderung getroffen, seinen sinnlichen Neigungen zuwider handeln kann. Das aber müsste man als unmöglich bezeichnen, wenn er einzig naturgesetzlich handeln könnte. Als reines Triebgeschöpf würde er nach sinnlicher Selbsterhaltung, sinnlichem Glück nur streben.

Nicht sinnliches Glück gilt als *höchstes Gut,* sondern Moralität - in Grenzen sittlicher Freiheit, gemäß Gesetzen des Verstandes und der Vernunft. Kants Sittengesetz ist kein *inhaltlich* gefasstes, sondern ein *formales* Gesetz, das allgemeingültig, objektiv, absolut ist (absolute Vernunftidee).

Weil das Sittengesetz unbedingt auftritt und kategorisch gebietet, hat Kant es zum kategorischen Imperativ erhoben, der sittliches Handeln zur Pflicht macht, andererseits *Glückseligkeit* bringen kann: das *„Reich Gottes"* im Herzen und unter uns (höchstes Gut). (Bibel: Lk 4,43/17,20-21)

Der *Neue Bund* ist hier angesprochen (säkular), den der Prophet Jeremia, 650 Jahre vor Jesus Christus, offenbart hat: "Ich lege mein Gesetz in ihr Inneres (Sittengesetz) und schreibe es ihnen ins Herz (Reich Gottes im Herzen) ... Dann brauchen sie nicht mehr sich gegenseitig zu belehren ... Ja, ich verzeihe ihre Schuld und ihrer Sünde gedenke ich nicht mehr." Natürlich ihrer Reue wegen (s. Anlage II, Abschnitt 4.6.1, Punkt 6g).

Zusammengefasst: Das Sittengesetz (säkular!) weist auf den *Neuen Bund,* ist ein Gesetz der *Gedankenform* (Punkt 6, unten), das weder auf empirischer noch auf reiner Anschauung basiert: das *absolut* ist!

16. Zweiter Versuch: Entschlüsselung des Geschehens

Zur Erscheinung gehört erstens die Form der Erscheinung, zweitens die Materie der Erscheinung, die als *„Quanta“* sowohl physisch als auch sinnlich uns berührt und an sich selbst (absolut) nicht erforschbar ist. Nur empirisch (bedingt) lässt sich die Materie der Erscheinung erforschen - mit unbestimmten Begriffen der Synthesis möglicher Empfindungen.

Der erste Versuch einer Entschlüsselung (Punkt 9) ist auf reinen Anschauungen, reinen Verstandesbegriffen und *drei Teilgedanken* aufgebaut worden, die als synthetisches Urteil a priori geäußert wurden, und zwar aufgrund von Gesetzen des Verstandes, die nicht die Natur an sich selbst, sondern nur Erfahrungen mit ihr aufzeigen können.

Nun kommt - über den Verstand hinaus - die Vernunft ins Spiel. Mit der „Kritik der reinen Vernunft“ hat Kant die „Kritik der praktischen Vernunft“ erarbeiten und das *Grundgesetz der reinen praktischen Vernunft* (Sittengesetz) finden können. Von reiner praktischen Vernunft hat Kant gesprochen, darum, weil das Sittengesetz nur in praktischer Vernunft auftreten kann, als *sittliches Sollen:* als einziges Faktum der reinen Vernunft!

Die reine praktische Vernunft hat Kant hervorgehoben, auch deswegen, weil die praktische Vernunft sich täuschen lässt, nicht hingegen die reine praktische Vernunft. Die natürlichen *Vernunftbegriffe/Vernunftideen,* die dialektisch auftreten, sind der reinen praktischen Vernunft verpflichtet, nämlich der absoluten Welt (ersten Welt).

Das Geschehen am Waldsee, das aufgrund von Gesetzen des Verstandes als synthetisches Urteil a priori gedeutet wurde, muss dem *Sittengesetz* noch zugeordnet werden: dem Gesetz der *Gedankenform* (Punkt 15, unten). Zur reinen praktischen Vernunft hat es gehört - als *sittliches Sollen* -, zuerst unbewusst, später bewusst über Jahrzehnte meines Lebens.

Übrig bleibt dennoch ein Rest, eine Frage: Warum *Urechse,* warum *Leviathan,* warum *Bosheit?* Im 70. Lebensjahr erst habe ich mein 7. Buch (Anlage II) erweitert und diese Begriffe zur Synthese gebracht, ohne beantworten zu können, warum meine Bücher diesen Begriffen gefolgt sind.

17. Politischer Hinweis

Absolutheit *insgesamt* bleibt uns verschlossen: Die *Vernunftideen* treten dialektisch auf; das Gesetz der Natur kann nur Erfahrungen liefern. Doch

Kausalität durch Freiheit ist vom Gesetz der Natur gänzlich unabhängig, gewährt *Spielraum* im Gesetz der Natur, der „ausgefüllt" werden soll - durch das *Gewissen* bzw. *Gesetz des Rechts* (staatliche Gesetz). Auf Anlage II sei hier gewiesen, insbesondere auf die Abschnitte 3. 4 und 4. 2.

Laut Sittengesetz soll die Maxime des persönlichen Willens jederzeit zugleich als Prinzip einer allgemeinen Gesetzgebung gelten können. Weil das Sittengesetz ins Grundgesetz aufgenommen wurde (Art. 2(1)), ist die staatliche Gesetzgebung gebunden.

18. Begriff der Bosheit - höchstes Wesen

Die Begriffe „gut" und „böse" sind Modi eines Begriffs (Gerechtigkeit bzw. Gemeinschaft). Folglich ist Einheit vorhanden, die den persönlichen Willen bedrängt, und zwar als *Gedankenform.* Der staatlichen Gesetzgebung geht die Gedankenform ebenfalls voraus, die sich von selbst aufdrängt: als Urteil der reinen praktischen Vernunft (Sittengesetz).

Sittlichkeit und Freiheit gehören zusammen. Kant hat dazu ein Beispiel vorgelegt. Eine Person erzählt von ihrer bösen Neigung, nämlich davon, dass sie ihr nicht widerstehen könne. Am Vollzugsort dieser Neigung ist nichts, was die Person hindern könnte. Stände hingegen ein Galgen am Vollzugsort und jemand, der die Person, nach Vollzug, sofort hinrichten würde, so ließe die böse Neigung sich wohl beherrschen.

Der Heidenapostel Paulus hat gleichfalls von böser Neigung gesprochen: als unbeherrschbar sie bezeichnet. Nicht die Person vollzieht nach Paulus die böse Neigung, sondern die Sünde - der Teufel - in der Person (Röm 7,14 - 25). Jahrhunderte ist ein solcher „Freibrief" verkündet worden als Rechtfertigung für Lüge, Betrug, Krieg - bis auf den heutigen Tag!

Weil zum Gesetz des Verstandes und der Vernunft sittliche Freiheit gehört, hat Kant jene Theologien abgelehnt, die das Böse - die Sünde - gerechtfertigt haben (Vergebung aufgrund von Gnaden-*Wahl,* ohne Reue und Gutmachung), so die Theologie des Heidenapostels Paulus, die des Kirchenlehrers Augustinus, die der Reformatoren Luther, Calvin, Zwingli.

Zur Vergebung aufgrund von Gnaden-*Wahl* gehört die behauptete Prädestination (Vorherbestimmung), die zweiseitige Prädestination: die zur Seeligkeit und die zur Verdammnis (s. Anlage II, Abschnitt 3. 5).

Mit der Sünde beginnt die Bibel und mit der Sünde endet die Bibel. Dem höchsten Wesen, dem Geist Gottes, die Sünde andichten zu wollen, widerspricht der praktischen Vernunft - ist frevelhaft! Der Leviathan der Bibel (Noumenon) steht für *Sünde* und *Bosheit* dieser Welt (zweiten Welt).

Laut Kant führt Moral unumgänglich zur Religion, zur Vernunftidee eines höchsten Wesens, dem das *höchste Gut* (Reich Gottes im Herzen), die *Glückseligkeit* und der *Endzweck* des Menschen zugeschrieben worden ist. Das Dasein eines höchsten Wesens lässt sich weder beweisen noch widerlegen (4. Satz/Gegensatz der natürlichen Vernunftideen, s. Punkt 12). Nach Kant ist die Annahme eines höchsten Wesens *regulativ* notwendig.

An das Dasein eines *höchsten Wesens* hat Kant fest geglaubt, auch deswegen, weil die reine praktische Vernunft auf Dinge an sich selbst (Noumenen) gerichtet ist, weil Erscheinungen immer Dinge an sich selbst voraussetzen - man mag sie kennen oder nicht.

Hinter der Sinnenwelt müssen Dinge an sich selbst existieren (erste Welt). Mit der praktischen Vernunft aber können nur Dinge möglicher Erfahrung erkannt werden. Diese Einschränkung hindert die Vernunft nicht daran, bis zu einer objektiven *Grenze* zu gelangen. - *Glaube,* nicht Wissen, kann hinter ihr walten (Glaube: Voraussetzung für Religion allgemein).

Nachwort

Einem Wissenschaftler kann, laut Kant, nichts Besseres geschehen, als dass er die Ergebnisse seiner Forschung aus nur einem Prinzip herleitet und alles damit vereint. Mich selbst muss ich nun befragen, welches Prinzip meinen Büchern zugrunde liegt. Ist es ein materialistisches oder ein idealistisches Prinzip? Meine Antwort lautet: weder materialistisch noch idealistisch bzw. sowohl materialistisch als auch idealistisch, was im 1. Buch ausgiebig behandelt worden ist.

Die Frage nach dem ideologischen Charakter des Prinzips muss also offen bleiben. Das dialektische Verfahren aber muss anerkannt werden, als verlässliche Methode gegen Schein und Irrtum.

Kants dialektische Methode ist von Hegel (1770 - 1831) übernommen worden, jedoch in idealistischer Ausprägung. Zunächst hat Hegel das Allgemeine (Weltgeist) aus dem Einzelnen aufgebaut, später alles Seiende aus dem Allgemeinen wieder abgeleitet, womit der preußische Unrechtsstaat gerechtfertigt wurde. In Hegels Philosophie hat die Idee der Freiheit ihren klaren Sinn wieder verloren.

Nach Hegel muss alles Seiende vom begrifflichen Denken durchdrungen werden, und zwar darum, weil es nichts anderes als Entfaltung der absoluten Idee bzw. des Weltgeistes ist (s. Punkt 15: absolute Vernunftidee). Der Mensch ist verpflichtet, die *„Anstrengung des Begriffs bzw. Systems"* auf sich zu nehmen, um das Weltwerden der absoluten Idee zu begleiten, ein Werden (STIRB - BESINNE - WERDE), dem der Einzelne mitangehört. Dieses Werden kann nur gelingen mit Hilfe des dialektischen Verfahrens (These - Antithese - Synthese), das bei Hegel zur allumfassenden Methode geworden ist.

Der Begriff liegt im Verstand. Jeder, der mit Sprache umgeht und tiefere Erkenntnisse sucht, könnte über „Nebel" verzweifeln, nicht nur dort, wo reguliert werden muss. Insbesondere im religiösen und politischen Bereich hat man Nebel erzeugt, um die Mehrheit *verstocken* zu können! Hegels Ausspruch hat an Aktualität nichts verloren. Das „Modellsystem der realen Welt", das ich errichtet habe, ist seinem Ausspruch verbunden.

An zwei Begriffen ist das Modellsystem hauptsächlich orientiert: dem der *Entwicklung* und dem der *Synthese bzw. Reduktion.* Mit Synthesen können Informationen reduziert werden - überflüssige und falsche Informationen, die dem Schein und Irrtum verbunden sind.

Auf die Frage, welches Prinzip (primäre Prinzip) dem Modellsystem zugrunde liegt, lautet die Antwort: dem *Prinzip der kleinsten Wirkung,* was im 2. bzw. 8. Buch behandelt worden ist (Punkte 9.4.2 - 10). Die Begriffe „Synthese und Reduktion von Information" sind im Prinzip enthalten.

Sowohl vom Subjekt aus als auch vom Objekt aus kann das Prinzip der kleinsten Wirkung betrachtet werden. Vom Subjekt aus wird es „Prinzip des kleinsten Aufwands" genannt, vom Objekt aus „Prinzip des kleinsten Widerstands", von beiden Seiten aus *„Prinzip des kleinsten Zwangs bzw. Widerstands"*, was der kantschen Ethik entspricht.

Kausalität nach Gesetzen der Natur folgt dem Prinzip des kleinsten Aufwands, nicht aber Kausalität durch Freiheit, die im Gesetz der Natur *Spielraum* voraussetzt, an dessen Grenzen man *sich selbst(!)* verletzen kann (Punkt 13, Graphik). Das Prinzip des kleinsten Zwangs bzw. Widerstands sollte daher beachtet werden, d. h. sittliche Freiheit!

Ausgangspunkt meiner Bücher ist das Geschehen am Waldsee, der zum Gebiet der Stadt Buchholz in der Nordheide gehört. Auf Wanderungen im Naturschutzpark Lüneburger Heide stieß ich auf eine Schrifttafel mit dem

Hinweis auf die Artus-Sage und die Grals-Dichtung, die die Gründer des Vereins Naturschutzpark zu dessen *Symbol* gewählt haben! Im fünften Buch habe ich darüber berichtet (Kap. 4.5/Kap. 5.7-5.12/*Kap. 7.5-7.7).*

Die Artus-Sage hat Wolfram von Eschenbach (1170 - 1220) am tiefsten umgestaltet: zum Epos *Parzival,* dem eines *naiven Jünglings,* der hinauszog, den „Königshof" zu suchen, und - wegen Mangels an Mitleid - ihn verfehlte. Erst nach bitterer Erfahrung, Reue und schweren inneren Kämpfen ihn schließlich aber fand: den Gral - als *Symbol* und *Leuchtbild* für göttliche Gnade und tiefste Seelenruhe!

Viel ist über den Heiligen Gral gerätselt worden. Nach keltischer Sage ist er ein heilbringendes Gefäß, nach christlicher Legende ein Kelch, mit dem das Blut Jesu Christi - des Heilands und Erlösers - aufgefangen wurde. Bei Wolfram ist er ein Symbol: ein Heil- und Kraftspender, um den eine suchende, innerlich ringende Ritterschaft sich schart - *nicht kirchlich(!) gebunden (s. Anlage I, ganz unten),* doch wahrhaftig, um Gottes *Beistand(!)* bemüht. Wie lässt sich weltliche Ehre und göttliche Gnade erwerben? bzw. das Reich Gottes im Herzen und unter uns finden? (s. Punkt 15)

Nach der Zeitenwende vom Mittelalter zur Neuzeit begann die Zeit der Aufklärung, die mit Kants philosophischem Werk zu Ende ging. Alles Sagen-, Legenden- und Märchenhafte hatte eine Pause eingelegt, bis zum Beginn der Romantik, die über alle Epochen nachhaltig wirkt und die Jugend neu inspirieren wird!! Schon bei Wolfram ist der Heilige Gral ein *Symbol* und *Leuchtbild,* das vieles vereint: Abendländisches und Morgenländisches (Judentum, Christentum, Islam), wie im Sehnen der Menschheit, am Lebensende eines jeden Menschen, alles zusammenfließt!

Schließlich noch etwas Persönliches: Seit dem Geschehen am Waldsee (1981) habe ich nach Wahrheit gesucht, habe *letztlich* mich berufen gefühlt (berufen wie Millionen andere). Mit dem Bild der *„Urechse"* und der *Anweisung* bin ich beladen worden. Beides habe ich getragen und befolgt, zuerst viele Jahre unbewusst, danach viele Jahre bewusst - ohne Eigennutz, mit hohem Aufwand, neben meiner Erwerbsarbeit. Die „Urechse" habe ich als den Leviathan der Bibel erkannt, nach Jahrzehnten der Suche (s. Anlage II, Abschnitt 4.1.1, Punkt 5 und Abschnitt 4.6.1, Punkt 13). Ich habe erkannt, ich habe geschrieben, ich habe gelehrt - gemäß der Anweisung am Waldsee -, gegen die Bosheit dieser Welt (zweiten Welt).

*

Von Bernhard Marxen liegen vor - als Beitrag zur Modellierung der Welt insgesamt (in dreißig Jahren erarbeitet und mehrmals überarbeitet):

1. Entwicklungslinien naturphilosophischen Denkens in der Auseinandersetzung zwischen Materialismus und Idealismus *(132 S., nur die aus 2008 stammende Auflage ist gültig)*

2. Modellsystem der realen Welt: Beitrag zur Synthese und Reduktion von Information *(interdisziplinär, 280 S., erste neue Ausgabe 2017)*
   - Welt als Information und Aufgabe
   - Gesetzlicher Zusammenhang der Welt

3. Die Aufgabe: Zum sittlichen Recht *(116 S., erste neue Ausgabe 2017)*

4. Weltweit denken - Ortsnah handeln: genetischer Eingriff an der kapitalistischen Gesellschaft *(176 S., nur die aus 2007 stammende Auflage ist gültig)*

5. Auf Wegen zum innersten Licht *(der Jugend gewidmet, 428 S., erste Auflage 2006)*

6. Die Religion Abrahams: Judentum - Christentum - Islam *(216 S., erste Auflage 2005)*

7. Entschlüsselte Religion: Epoche des „dritten Tags" *(64 S., Auflage 2013/2015, erste neue Ausgabe 2017, veralteter Titel: A-B-C der Religion)*

8. Gesetzlicher Zusammenhang der Welt *(76 S., erste neue Ausgabe 2017, siehe 2.)*

9. Meine Heimat sei gelobt: Geschehen am Waldsee *(36/64 S.,erste/erw. neue Ausgabe 2017)*

10. Allgemeine Statuten des Vereins durchsichtige Parteien (VdP e.V.): Satzung - Geschäftsordnung - Grundsatzprogramm *(48 S., erste Version 1989, neue - gemeinnützige - Version 2017)*

Die genannten Bücher stellen eine Einheit dar. Als Modellsystem sind sie zielgerichtet und in sich schlüssig - in naturgesetzlichen Zusammenhängen! Das **erste** Buch gilt als Grundlage für das **zweite**, auf dem das **dritte** bzw. **vierte** (reich bebildert) aufgebaut ist.

Das **fünfte** Buch - mit autobiographischem Anteil - ist die „Wurzel" der genannten Bücher. Es kreist um ein rätselhaftes Geschehen, das dem Autor vor Jahrzehnten widerfuhr. Weil alle Deutungen mangelhaft gewesen sind, hat er es verdrängt und vergessen. Unbewusst aber ist er den Weg gegangen, der ihm gewiesen wurde. - Er ringt um Erkenntnis, durchdringt Theorien und Philosophien. Politische Arbeiten folgen, theoretisch und praktisch. Nach langer Suche erst, im „fernen Land", erkennt er ein *Leuchtbild* und findet seine Seelenruhe.

Das **sechste** Buch ist ein Ausschnitt des **fünften**.

Das **siebente** Buch ist eine notwendige Ergänzung des **sechsten** und **fünften**.

Das **achte** Buch ist ein Ausschnitt des **zweiten** (siehe dort). Mit ihm erst ist das *Prinzip der kleinsten Wirkung* bzw. *des kleinsten Aufwands* neu erkannt und wegen seines natürlichen und universellen Charakters auf das 3. und 4. Buch bezogen worden - als *neues Paradigma* auch für Ethik, Politik bzw. Parteiarbeit. Die Ethik gehört, begrenzt, zur Naturwissenschaft.

Mit dem **neunten** Buch ist das rätselhafte Geschehen endlich entschlüsselt - auf Grund der kantschen „Kritiken". Übrig bleibt dennoch ein „Rest", der als Berufung gedeutet wird.

Dreistelliges Modellsystem (Subjekt - Modell - Objekt)

Die Kreise meinen die Bücher des Autors, die zusammen eine Einheit bilden und in sich schlüssig sind (Kreisgröße und Seitenzahl stehen in keiner Beziehung zueinander). Nur die Bücher 1, 2, 3, 4/10, 8/9 kennzeichnen das Modellsystem. Die Bücher 5, 6, 7 sind von religiöser Art, dem Modellsystem sind sie aber verhaftet.

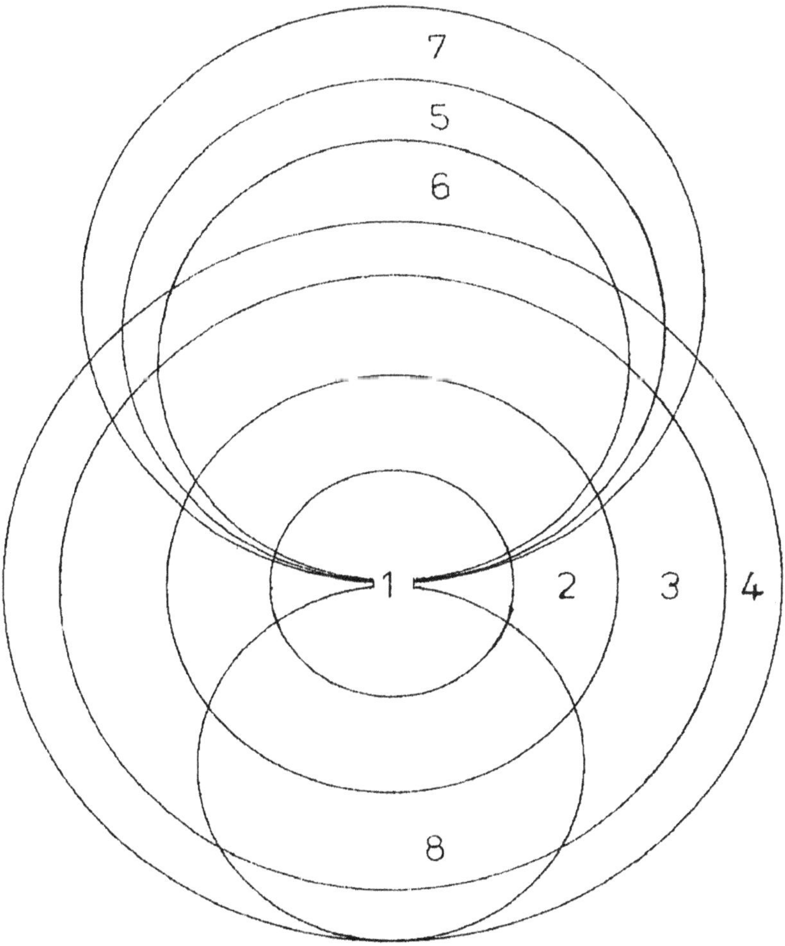

Die Bücher 1 bis 10 könnten *einbändig* herausgegeben werden. Titel: „Vom Symbol der Bosheit zum Bewusstsein sittlicher Freiheit". Reihenfolge: 5 - 7 - 9 - 1 - 2 - 3 - 4 - 10 (das 8. Buch ist im 2. enthalten; das 6. Buch ist im 5. enthalten; das 10. Buch ersetzt die Statuten im 3. und 4.; die Seitenziffern eines jeden Buches sollten nicht verändert werden).

Das 9.* Buch (erw. Ausgabe) enthält Gedichte und Anmerkungen des Autors.

ANHANG:

Gedichte und Anmerkungen

Die Gedichte stammen aus jenen Jahren des Autors, in denen er größte Anstrengungen hat aufbringen müssen: Scheidung von seiner ersten Ehefrau (1979), Erstes Staatsexamen, Referendariat, Zweites Staatsexamen. Seinen seelischen Zustand spiegeln sie ebenso wider wie die Gefährdung seiner beruflichen Ausbildung und persönlichen Existenz!

Man könnte die Gedichte auf das fünfte Buch des Autors beziehen, insbesondere auf Kapitel 11 bzw. Punkt 11.1.

Die Gedichte wurden vom Autor noch einmal überarbeitet und sind überwiegend chronologisch geordnet. Sie entsprechen - hinsichtlich der Person - dem biblischen Mythos: STIRB - BESINNE - WERDE, und zwar vor Beginn seiner fünfunddreißig Jahre währenden Suche bzw. Arbeit. Auf das „Geschehen am Waldsee" ist diese Suche bzw. Arbeit bezogen.

Unter Anmerkungen steht noch etwas über den Tod seiner ersten Ehefrau - der Vollständigkeit wegen.

LEBENSLIED

Wenn in meinen späten Tagen
Man wird fragen, wo ich war,
Werd' ich sagen in dem Leben,
Das nicht immer heiter war.

(25. 07. 1978)

WINTERABEND

Heut' ist nur ein Dezembertag,
Ich steh' am Fester abends.
Die Weihnachtsglocken klingen mir
So hohl und doch erhaben.

Verschneit, verträumt die Straße liegt,
Verlassen und im Frieden.
Im Schneegestöber, neblig-weich,
Ich fühl' der Häuser Segen.

Laternenlicht - im Schatten steht
Der kahle Baum dort drüben.
Bizarre Äste, frostig-starr,
Im Winde knarrend wiegen.

Und Schneestaub wirbelt säuselnd auf -
Schweift entlang der Scheibe.
In grauem Ton scheint er zu mir,
Als färbt' ihn meine Weise.

Gedanken suchen dein Gesicht
Aus Tagen ohne Schwere.
Du weintest noch beim Abschied hier,
Dann gingst du in die Ferne.

Ein halbes Jahr - die Hoffnung sinkt
Beim Warten hier im Kalten.
Die Liebe, die ich dir einst gab,
Vermocht' dich nicht zu halten.

Dein Bild steht jetzt vor meinem Blick,
So weich im Flockenschweben.
Zergeht sogleich und wird zu Eis -
Erstarrt ist alles Leben.

(24. 12. 1977)

Späte Erkenntnis

Noch träumend, aus dem Schlaf in die Welt gestoßen,
geliebt und geduldet,
wuchs ich an strengem Maß, Geschöpf Gottes,
der mich auch liebt - Liebe genug -,
trotz meiner elenden Schuld,
die schon da war, während ich schlief.

Aufgewachsen draußen auf harmonischem Land.
In satten Wiesen sitz' ich - lachende Welt -,
wind' Kränze aus Blumen.
Wohlige Bilder und Klänge tören die Sinne,
kleiden kindlich mein' Verstand.

Aus dem Traum nicht gerissen - fertig gebaut -,
ging ich ohne schiefes Vertrauen.
„Gott wird dich prüfen in sumpfiger Welt",
höre ich leise im Traum.

„Sumpf umgibt dich", höre ich leise im Traum,
„den du durchwaten musst - ohne zu zagen" -
in deinem fertigen Gerüst,
das „sie" gebaut, aus Stoff, weich und doch hart,
um zu besiegen die Welt.

Aufgewachsen draußen,
in Städte verschleppt, fertig gebaut,
spuckt die Welt mir ins Gesicht.
Keuchend pulst das and're Leben.
Stein und Asphalt, Gier und Macht,
stören den Traum,
wecken zu anderem Leben.

Lach' über dein weiches, starres Gerüst,
das sich nicht eignet und mehr ändern lässt. -
Und das Krokodil frisst die Taube,
ist gut und beherrscht den Sumpf.

(24. 04. 1978)

Nächtliche Gedanken

Um mich herum ist Stille.
Das Fenster zur Nacht steht halb offen:
Nur Stimmen von draußen dringen an mein Ohr.
Was für ein Gefühl allein in der Nacht zu sein?
Als ob die Sinne sich vom Körper trennten
und nur Geist und Gefühl -
ohne die Fenster zur Außenwelt -
mich bestimmten.

Einsamkeit umschließt mich,
wie ich sie eigentlich mag -
Einsamkeit und Freiheit.
Bilder aus meinem Leben tauchen auf:
als ein Junge war ...
Immer dieses Suchen nach Einsamkeit.
In ihr erlebte ich glückliche Stunden.
Das Gebaren anderer sagte mir,
dass ich kein Recht dazu hätte.

Ich aber will Einsamkeit - in sittlicher Freiheit -,
mit lachendem Gesicht.
Und wieder Erinnerungen: wie wir dort saßen ...
Und was ist geblieben? -

Morgen will ich froh, froh wie der Tag sein,
will lachen und auch singen.
Tief atmet die Nacht ...
Mir ist als ob die Stille dröhnt und rauscht!
Schon bald kommt der Morgen in dämmrigem Schein
und durchsetzt die Nacht.
Vogelstimmen, klar und schön,
werden künden wie immer auch diesen Tag.

(24. 05. 1978)

ENTRÜCKT

Viele Tage der Schwere weiß ich noch warten.
Und niemals mehr wird der Frühe zarter Träume
Wieder schmücken und erheben meinen Geist.
So verstellt sind oft die Tage,
Dass der Zukunft mich zu freuen ich nicht wage.

Des Lebens seichter Gänge sind nicht stetig,
Nicht die ins Freie, wo sich weiten kann der Blick.
Hier und heut' im neuen Spiel des Lebens,
Heut', wo Menschen and're Bindungen sich geben,
Bin ich weiter als je von manchem selbst entrückt.

(Juni 1978)

LEBENSGARTEN

Komm auch du in meinen Garten,
Sagt die Welt und lädt mich ein.
Lächelnd steh' ich an dem Tore,
Noch so neu und frisch im Garten
Seh' ich's ranken, winden hoch,
Seh' ich triefen all die Frische;
Dort am Tore hüllt's mich ein,
Hüllt's mich ein, dort am Tore.

Kraft dringt ein, Mut und Neugier,
Voll bezaubert mich das Tosen.
Neue Wildheit süß erregend,
Lockt das Leben, lockt das Streben gleich hervor.
Und es flammt und strahlt aus Augen,
Und erhellt Gesicht und Sinn.
Und ich stürze in das Leben,
Das mich hält und kost -
Dicht am Tore.

Jetzt im Garten muss ich schreiten vorwärts.
Und das Neue, Frische weicht der Schwere.
Nicht allein: in großen Scharen, Haufen,
Auch vereinzelt meinesgleichen zieht.
Und das Rauschen, Zittern, Beben.
Jetzt erkenn ich's:
Ist das Stöhnen, Weinen, Wimmern,
Ist das Leben wie es geht.

Ich muss wehren die Gefahren,
Und auch tragen fremde Lasten,
In dem Garten wilder Pracht -
Weit vom Tore.

Schöner Garten, wildes Leben,
Werd' nur lächelnd stehen,
Schauen in Erhabenheit.

(Juli 1978)

FLIEHE DIE STADT

Ich kenn' eine Sehnsucht und lebe in der Stadt,
Im Getto der Hochhäuser,
Wo Wände steil sich erheben,
Wo Menschen Wohnraum finden,
Wie in Brutstätten dicht an dicht.
Ihr Blick, ihr Geist gerichtet Tag für Tag.
Ihre Wünsche produziert, kanalisiert, befriedigt.

Ich kenn' eine Sehnsucht und fliehe die Stadt;
Denn Frühling erregt meine Sinne
Und stürmische Wintertage stören nicht länger meinen Traum.
Lebenssaft steigt und es bricht hervor.
Gelb scheint der Raps und Blütenmeere öffnen sich.
Grüne Wälder und Felder, satte Wiesen und Vogelgespräch
Lassen bewegen und erheben mein Gemüt.
Felder durchsetzt, durchbrochen von Baum und Strauch,
So weit das Auge reicht.

Plattbahnen zerschneiden das Land,
Auf denen der Strom unseres Lebens verächtlich rauscht.
Nur am Rande die Menschen in giftigem Rauch.
Vermarktete Wünsche empfangen Befriedigung. -
Und es ebbt zurück,
Verengt und verdichtet sich vor der Stadt,
Die in neb'liegem Dunst liegt
Und die Leute erneut empfängt.

(15. 07. 1978)

FREUNDIN EINES ANDERN

Als Wunsch trug ich im Herzen:
Zu lieben, beliebt zu sein.
Mich hast du nun verlassen,
Bist Freundin eines and'ren.

Der Welt möcht' ich entfliehen,
Ganz leis' für niemand Gewicht.
Doch leb' ich nun in Kerkern,
Die and're bauten um mich.

Die Hand möcht' ich erheben:
Mein Leben selbst beenden.
Die Furcht hält sie gebunden,
Bis Qualen sie befreien.

Du! Gott beend' mein Leben,
Erweis' mir deine Güte.
Wie lang' muss ich noch bleiben,
Im Dunklen solcher Tage?

Zum Ziel möcht' ich gelangen:
Gib mir von deinem Geiste.
Ich möchte einst dich schauen,
Erkennen deine Güte.

(26. 07. 1978)

In die Nacht geschrieben

Eine Woche bist du nun fort,
drei Wochen bleibst du noch oder gar mehr.
Noch so lange allein!
Ich denke an dich,
ich denke an ihn,
den du jetzt liebst, den du jetzt fühlst.
Und ich bin allein, so allein,
heute in dieser Nacht. -

Meine Welt in mir drinnen kennst du nicht,
und die Worte, die ich nutze, fälschen ein Bild.
Es sind nur Worte, die da tasten mein Bild.
Und doch ist es Raum in Schleier gehüllt.
Dunkle Wolken durchziehen und ändern das Bild.
In blutigem Rot gähnt meine Leere,
die sich nach Fülle und Leben so sehnt.
Füllc und Raum, Fülle und Leben.
Oh, welch ein Zittern, oh welch ein Beben,
heute in dieser Nacht. -

Meine Freunde sind wenige,
auch ohne Sinn: spielen und lachen ...,
wollen nicht Fesseln,
die tief im Herzen erst wurzeln, halten,
wollen nur Flächen;
denn Wurzeln zerreißen im Lebenswind.

Meine Nächte sind bitter, sie hindern mein Leben;
denn Nacht ist um mich und Wirren, Irren und Glauben.
Bleich mir die Nacht, bleich mir das Leben.
Oh diese Nacht, oh dieses Leben ...
Wann werd' ich gehen strahlend der Helle entgegen?
wann werd' ich liegen weich in deinen Armen?
wann wirst Du mich wiegen im Sonnenlicht?

(09. 09. 1978)

SCHEIDUNG

Verliebt - wir waren einmal verliebt,
Das erste Mal im Leben.
Ein Mädchen warst Du,
So klar, so zart im Frühling.
Tiefes Vertrauen war zwischen uns,
Hingabe, Stolz und Liebe.
Wir fragten nicht nach Lohn
Und hatten mehr als heut'.
Wo ist das alles geblieben?
Wer hat uns alles genommen?

Wir können nicht mehr geben
Ohne zu fragen wofür.
Wir können nicht mehr lieben;
Denn Liebe fragt nicht wofür.
Alles ist fort,
Alles ist gräulich verschmutzt.
Misstrauen verbittert das Leben,
Streben nach Eigennutz -
Warum nur, warum?

Ich kenn' eine Sehnsucht
Und werde nicht mehr finden ...
Konturen verwischt die Zeit.
Nur Impressionen werden bleiben.
Ich bin traurig, dass alles vergeht.

(18. 02. 1979)

SPRÜCHE

Die Ehe gibt nicht nur Freude, sondern auch Leid;
sie verlangt nicht nur Mut, sondern auch Demut.

*

Sterben ist ein Prozess, der Leiden heißt.

TODESSEHNSUCHT

Drinnen in dem Leibe
Bin ich ganz allein.
Alles geht zur Neige
In dem trüben Schein.

Drinnen in dem Leibe,
Treibt der Geist ein Spiel,
Pocht an meine Schale,
Ist schon bald am Ziel.

Wenn der Tod wird walten,
Meine Schale bricht.
Geist, du wirst entfliehen,
Einsamkeit vergeht.

Wenn der Tod wird walten,
Fängt mein Leben an;
Denn es ist kein Leben,
Ganz allein zu sein.

Wälder, Wiesen, Auen -
Schönes Land im Blick.
Einsamkeit und schauen,
Bis es mich beglückt.

(01. 08. 1980)

GRABINSCHRIFT

STIRB - BESINNE - WERDE

Ich will dort sein,
wo die Wahrheit ist.

HOFFEN AUF DEIN LIEBEN

HERR, wenn es dunkel wird
in meinen Tagen,
Und der Schicksal Schläge
meinen Willen beugt,
Wenn der Leib da geht in
dumpfen Qualen,
Und kein weltlich Trost mir
Erfrischung schenkt -
HERR, dann will ich hoffen
auf dein Lieben,
Das im Dunklen strahlen soll,
Wie das Licht der weiten Sterne
In der Nacht am Firmament.

(24. 08. 1980)

SPRUCH

Man denkt an das,
Was man verließ.
Was man gewohnt war,
Bleibt ein Paradies.

(J. W. v. Goethe, Faust)

KINDERWELT

Das Kind steht froh im Morgenlicht,
Der Tag ist schwer, wo Schatten ist.
Es sieht und fühlt die Welt ganz anders,
Noch kindlich-rein, es lebt woanders:

Wo ich einst war, wo Lachen ist,
Wo Tiere sprechen und auch tanzen,
Wo Spiel, Gesang den Tag erfüllt.
Das Schwere ist noch nicht geboren.

Ich suche oft die Kinderwelt;
Und kann sie nicht mehr finden.
Das Licht wirft Schatten in die Welt.
Der Morgen ist schon längst vergangen.

(22. 02. 1979)

SPRÜCHE

Mein Verhältnis zum Leben ähnelt der Arbeit in einer Firma.
Ich verrichte die Arbeit nur halbherzig und habe nicht mehr den Mut,
die Firma zu verlassen.
Wenn ich gehen muss, kann ich mich weder freuen noch tut es mir leid.
Ich bin höchstens erleichtert,
dass der Zufall die Angelegenheit entschieden hat.

*

Der Einzelne ist weder gut noch böse: er ist beides.
Unterschiedlich ist nur das Mischungsverhältnis.

ERINNERUNG IN DER HEIDE

Es treibt mich hinaus auf die Heide heut',
Ich muss gehen, ich trag' es schwer.
Die brennende Sonne in der kalten Luft,
Sie ähnelt meinem Herzen sehr.

Ich muss gehen wieder, viel tausend Schritt,
Jeder Schritt eine Träne zehrt.
Damit das Meer meiner Sehnsucht vergeht,
In dem ich ertrinken werd'

Ich gehe dahin, so als ging'st du mit mir,
Entlang Spuren vergangener Tage.
Die Spuren am Wege sind Erinnerungen,
Die ich heute in mir trage.

Erinnerungen in der Heide mit dir,
An Orten, wo wir einst weilten.
An Birkengruppen, am Wacholderstrauch,
Dort such' ich geheime Zeichen.

Dort lachten wir einst, dort küsste ich zart
Deine Augen - so blau wie die Heide.
Erinnerungen: sie krampfen meine Brust.
Ich fühle erstickende Schwere. - -

Ich gehe dahin, über Heide und Sand,
Bis der Abend sich niedersenkt.
Auf welchen Wegen wanderst du heut'?
Wer weiß, ob du an mich denkst.

(14.02.1982)

Wolken-Chaos

Ich schau hinauf ins Wolkenmeer,
Wo Chaos herrscht - und ohne Hast -,
Wo Stürme treiben Schwaden her,
Durchdringen sich in düst'rer Nacht.

Ich schau hinein ins Weltgescheh'n,
Wo Menschen wirken ohne Ruh'.
Kein Füreinander kann entsteh'n,
Das lässt der Menschen Werk nicht zu.

Menschen haben sich versprochen,
Den and'ren lieben wie sich selbst;
Höchster Lohn wächst nur im Herzen.
Ein jeder davon wissen sollt'.

Wünsche sind nicht so verschieden,
Der and're strebt zum selben Ziel.
Jeder will doch nur was gelten,
Der Unterschied liegt mehr im Wie.

Der Unterschied liegt am andern.
Du sagst, das Schicksal will es so:
Der eine wird im Glanz gebor'n,
Der and're arm und irgendwo.

Da ist Gleichheit nicht gegeben,
Der eine nützt den and'ren aus.
Und findet Freud' für sein Leben
An and'rer Menschen Arbeit, Fleiß.

Da ist Gleichheit nicht gegeben,
Du sagst, das Schicksal will es so:
Dem einen ist Talent eigen. -
Der and're unbegabt - auch roh.

Talent ist jedem Mensch' eigen.
Das Schicksal ist von Menschen Hand!
Es soll nicht reich noch arm geben.
Das Mittel prägt auch den Verstand!

Geld soll *ihm* als Mittel dienen:
Es bildet aus Geschmack und Sinn!
Talent durfte sich entfalten:
Zum Gelde starrt *er* ständig hin.

Es soll nicht reich noch arm geben
Für jetzt und alle Ewigkeit.
Geld treibt uns in stärkste Leiden,
Verteilt es gleich ohn' Streitigkeit.

Verteilt es gleich am selben Maß',
Und gebt der Arbeit ihren Lohn.
Geld allein - als Lohn - bringt Chaos:
Im Herzen wächst der höchste Lohn.

Ich schau hinauf ins Wolkenmeer,
Vergleich' es mit dem Weltgescheh'n.
Gleicht nicht der Mensch den Wolken sehr?
Er treibt dahin - welch ein Gescheh'n.

(09. 08. 1980)

SPRUCH

Die unterschiedliche Erfahrung der Menschen ist die Ursache für die Rechtfertigung ihrer Besitzverhältnisse.

VERSCHIEDENE WEGE

Wir kamen aus verschiedenen Richtungen;
Wir sind verschieden,
Weil die Wege, die wir gingen, verschieden waren
Und auch wir verschieden sind.

Doch wir gefielen uns: gingen gemeinsam
Und reichten uns beide Hände.
Deine Vergangenheit wirkte in meine Gegenwart
Und auch meine in deine.

Aber die Wege sind wie die Äste eines Baumes:
Sie gabeln sich und jeder führt zu einem anderen Ziel.
Wir trennten uns ...,
Und wollen nicht mehr zurück.

Die Vergangenheit wirkt in die Gegenwart;
Und die Gegenwart in die Zukunft.
Aber die Zukunft ist nie Vergangenheit;
Und neue Wege gibt es genug!

(November 1980)

DIE FLUCH

Schüsse in Kavern,
Früh morgens um vier.
Zwei kamen von fern,
War'n vormals nie hier.

Das Dorf lag noch still
Als Schüsse knallten,
Ein Toter im Stall,
Geleert die Taschen.

Die Wüste erglüht,
Zwei Reiter fliehen.
Der eine verletzt,
Schon alt, besonnen.

Der and're noch jung -
Ein trotziger Sohn!
Sie gruben am Berg
Und sprachen vom Lohn.

Der Lohn war das Gold,
Mühsam gegraben,
Beraubt um das Gold -
Nun neu gewonnen.

Zwei Reiter folgen
Dem ungleichen Paar,
Einer besoffen,
Der and're im Wahn.

Vier Männer vereint,
Im Kampf gesotten.
Sie reiten getrennt
Durch Wüste, Schluchten.

Die Hitze flimmert. -
Nur Keuchen, Fluchen.
Der Abend dämmert,
Versinkt in Fluten.

Die Wüste ist rot
In feurigem Schein.
Die Schatten sind groß,
Der Boden bricht ein.

Müde sind alle,
Erst recht die Pferde.
Es knallen Schüsse
Noch aus der Ferne.

Ein Pferd ist verletzt:
Es taumelt im Lauf.
Der Reiter besorgt
Und alt ist er auch.

Das Pferd - im Sterben -
Wirft ab den Reiter.
Man hört ein Stöhnen,
Und doch klingt's heiter.

Verdammtes Geschick -
Ein trotziger Blick.
Der Sohn eilt zurück:
Der Vater, das Glück.

Zwei Männer, ein Pferd,
Zwei and're jagen.
Das Ziel ist die Nacht,
So nah' das Haben.

Und plötzlich die Nacht,
Jetzt bricht sie herein.
Die Schatten sind matt
Auf Sand und Gestein.

Verschluckt, verschwunden
Vier Reiter im Meer.
Zwei hört man fluchen,
Zwei freut es gar sehr.

Verschont, doch verlor'n
Schon in dieser Nacht.
Alle verdursten,
Haben keine Macht. -

Vier Geier kreisen,
Als sei's so gewollt.
Sie seh'n die Leichen -
Nicht glänzendes Gold.

(08. 06. 1980)

SCHÖNES FRÄULEIN

Ein schönes Fräulein seh' ich steh'n,
Wortgewandt - gern anzuhören.
Es strömt mir voll das Herze.

Hat Liebe mich erneut verführt?
Ich such' nach Worten - bin erregt.
Sie prüft - strengt an die Sinne.

Freu dich mein Herz: sie hört dir zu,
Nimmt deine Hand, fügt dann hinzu
All ihre schönen Wünsche ...

Mein Herz strömt leer - ich steh' allein.
Mein Fräulein will nur Sonnenschein:
Mein' Not will sie nicht teilen.

(17. 05. 1978)

Im Mai

Wie schön blüht uns der Maien,
Der Sommer fährt dahin!
Mir ist ein schön Jungfräulein
Gefallen in meinen Sinn.
Bei ihr da wär mir wohl:
Wenn ich nur an sie denke,
Mein Herz ist Freuden voll.

Bei ihr da wär ich gerne,
Bei ihr da wär mir wohl;
Sie ist mein Morgensterne,
Strahlt mir das Herz so voll.
Sie hat ein roten Mund,
Tät ich sie darauf küssen,
Mein Herz würd mir gesund.

Ich wollt ich fänd im Garten
Drei Rosen an einem Zweig.
Ich wollte auf sie warten;
Ein Zeichen wär's mir gleich.
Das Morgenrot ist weit,
Es streut schon seine Rosen;
Ade du schöne Maid.

(1549, gekürzt,
in Georg Forsters Sammlung:
„Frische teutsche Liedlein")

NEUER MUT

Steig ein in das Boot - lass uns fahren
Über die Wasser hinaus auf den See.
Der Tagesnöte waren schwer zu tragen,
Komm lass uns fahren über den See.

Und Wolkenröte - dämmrige Strahlen.
Wie friedvoll scheint die Welt heut' nur.
Und Abendfliegen ziehen Spiralen.
Nur Wälder säumen die Wasser hier.

Nur Wälder und Wasser - große Weiten;
Der Rand der Erde wie Gott ihn schuf.
Ich höre Wellen: sie schlagen, waschen;
Der Atem der Wasser - Wiedergeburt.

Und Winde blasen über die Fläche,
Sie bringen Frische, der Abend glüht.
Sie bringen Bilder aus unendlicher Ferne:
Schlagende Wellen - neuer Mut!

(irgendwann in 1986)

Anmerkungen

Ursula, meine Ehefrau, sandte mir einen Brief:

Hamburg, den 30. 12. 1981

Lieber Bernhard,

ich wende mich heute noch einmal an Dich, um Dir meine Überlegungen zu Deinem Grundstücksverkauf mitzuteilen.

Bewusst habe ich seit dem letzten Telefonat einige Tage verstreichen lassen, um die ganze Angelegenheit mit etwas mehr Abstand sehen zu können. Ich bin immer noch sehr verbittert und gekränkt - nicht weil Du so ein gutes Geschäft gemacht hast, dazu möchte ich Dir gratulieren - sondern weil bei mir die ganzen miesen Erinnerungen an meine ewige Jobberei hochkommen. Wie habe ich mir gewünscht, dann auch mal etwas Schönes mir leisten zu können; Urlaub, Essengehen etc. Stattdessen floss fast das ganze Geld in dies Grundstück - von dem Du jetzt profitierst.

Wenn Dir etwas daran liegt, dass ich ohne Bitterkeit und Wut an unsere gemeinsame Zeit zurückdenken kann; wenn Du möchtest, dass wir in Zukunft möglicherweise uns wie zwei normale Menschen freundschaftlich begegnen können, dann wird dies auch für mich nur möglich sein, wenn Du mich an dem erzielten Gewinn teilhaben lässt. Ich möchte von Dir 10.000,- DM bekommen; dies erscheint mir eine angemessene Summe zu sein. Über die Modalitäten der Zahlungsweise können wir ja noch sprechen.

Ich weiß, dass ich juristisch kein Recht auf diesen Anteil habe - ich weiß aber auch, dass dieser Anspruch mir moralisch zusteht.

Ich wünsche Dir ein gutes Jahr 1982. Ursula

*

5.000,- DM überwies ich an Ursula, sodass ihr 50-Prozent-Anteil mit 100,- DM pro Quadratmeter entgolten worden ist. Von meinem Vater hatten wir das Grundstück im Jahre 1976 für 50,- DM pro Quadratmeter gekauft, geschätzt worden war es von der Stadt Buchholz - infolge Ursulas Verlangen - auf 60,- DM pro Quadratmeter, und zwar Ende 1978 (kurz vor unserer Scheidung).

Im Jahre 1981 verkaufte ich das Grundstück für etwa 100,- DM pro Quadratmeter. Der Gewinn (40,- DM pro Quadratmeter) sollte eigentlich mir allein gehören.

Ursula starb mit 63 Jahren an Herzversagen. An ihrer Beerdigung nahm ich teil. Wie meine Schwester berichtete, starb sie infolge mehrerer Herzinfarkte (starke Raucherin).

Vor Jahren war Ursula vom römisch-katholischen zum evangelisch-lutherischen Glauben konvertiert. Während der Predigt bestätigte der Pastor den Bericht meiner Schwester und wies darauf hin, dass Ursula - trotz ihrer Erkrankung - viel Gutes in der Gemeinde getan habe. Auch sprach der Pastor über Schwierigkeiten, die sie aufgrund des Scheidungsverbots in der römisch-katholischen Kirche hatte.

Ursula liegt auf dem Eppendorfer Friedhof in Hamburg, nahe der Kapelle 1 (Haupteingang: Eppendorfer Straße). Sie hat eine Tochter und ein Enkelkind.

Ursula ist Diplompsychologin (Uni) und zudem Sozialpädagogin (FH), ihr Ehemann ist Jurist.

Zum Grab von Ursula: Von der Kapelle 1 etwa 100 Meter geradeaus gehen, wohl bis zum 1. Weg links; von dort aus etwa 150 Meter gehen, bis zum vorletzter Gang rechts; von dort aus etwa 20 Meter gehen; dort befindet sich ihr Grab, rechts.

*

Mein Schreiben an Ursulas Geschwister (09. 01. 2015):

Liebe ... ,

nach der Beerdigung von Ursula besuchte ich ihr Grab noch zwei Mal: im Juli 2014 und im November 2014 (ein drittes Mal im Juli 2015). Nicht nur beim ersten, auch beim zweiten (und dritten) Besuch sah ich auf dem Grab nur ein einfaches Holzkreuz mit eingebranntem Namen:

Ursula Ewe, geb. Werner • 01. 08. 1950 + 20. 11. 2013

Schon beim ersten Besuch hatte ich gehofft, dass das einfache Holzkreuz durch einen Grabstein ausgetauscht würde. Leider bisher nicht.

Ursula und ich wurden am 16. 06. 1972 römisch-katholisch getraut (Trauzeugen waren Josef Grimm und Franz Schmolke).

Zivilrechtlich wurde die Ehe - auf Wunsch von Ursula - am 20. 01. 1979 geschieden, kirchenrechtlich keineswegs! Rechtlich bin ich also verpflichtet, ihr eine würdige Grabstätte zu bereiten, was ich getan habe und weiter tun werde - in Absprache mit Wilma, meiner Ehefrau.

Ursula darf nicht umgebettet werden. Das verstieße gegen Recht und Sitte! Sie soll im geistig-seelischen Sinn auch in Buchholz ruhen, nämlich dort, wo ich ebenfalls ruhen werde, gemeinsam mit Wilma, meiner Ehefrau.

Falls ihr die Grabstätte auf dem „Alten Friedhof" besuchen wollt, hier die Wegbeschreibung:

Ihr kommt von der Innenstadt Buchholz und geht auf der Friedhofsstraße in Richtung Parkstraße. Kurz vor der Parkstraße gelangt ihr, links, an den letzten Eingang zum Friedhof. Auf dem befestigten Weg geht ihr bis zur Friedhofskapelle, etwas dahinter steht links eine Bank. Der erste Gang hinter der Bank, rechts, führt zur Grabstätte, die unter einem hohen Wachholderbaum liegt, links, und nach Osten sich erstreckt: im Osten geht die „Sonne" auf!

Seid herzlich gegrüßt von Bernhard

*

Die von mir veröffentlichte Sterbeanzeige:

Das Leben ist ein Traum,
der Tod ein Erwachen.

Mit dem festen Glauben an das ewige Leben entschlief plötzlich und unerwartet

† Ursula Schmolke

geb. Werner • 01. 08. 1950.

Mit Zuversicht auf ein Leben bei Gott;
in Liebe und Dankbarkeit:

Bernhard ...

Die Beerdigung und Trauerfeier fanden bereits statt.

Von Beileidsbekundungen möge man absehen.

Buchholz in der Nordheide, im März 2015

*

Mein Schreiben an Ursulas Geschwister (08. 03. 2015):

Liebe ... ,

in Buchholz leben noch Menschen, die Ursula gekannt haben. Mit der obigen Anzeige, die im Nordheide Wochenblatt am 07. 03. 2015 erschien, sind diese Menschen über Ursulas Entschlagen nun informiert. Wer außer mir hätte diese Pflicht - Ursula gegenüber - erfüllen sollen?

Seid herzlich gegrüßt von Bernhard